U0636134

吴风越韵

桐乡大运河畔民俗风情

乐忆英 著

图书在版编目（CIP）数据

吴风越韵:桐乡大运河畔民俗风情/乐忆英著. —北京:中华
书局, 2025. 1. —(桐乡大运河文丛). —ISBN 978 - 7 - 101 -
16919-5

Ⅰ. K892. 455. 4

中国国家版本馆 CIP 数据核字第 20258R2J42 号

书　　名	吴风越韵——桐乡大运河畔民俗风情
丛 书 名	桐乡大运河文丛
著　　者	乐忆英
封面题签	徐　俊
责任编辑	吴麒麟
装帧设计	许丽娟
责任印制	管　斌
出版发行	中华书局
	（北京市丰台区太平桥西里 38 号　100073）
	http://www.zhbc.com.cn
	E-mail:zhbc@zhbc.com.cn
图文制版	北京禾风雅艺文化发展有限公司
印　　刷	天津艺嘉印刷科技有限公司
版　　次	2025 年 1 月第 1 版
	2025 年 1 月第 1 次印刷
规　　格	开本/710×1000 毫米　1/16
	印张 14¼　字数 180 千字
国际书号	ISBN 978-7-101-16919-5
定　　价	118. 00 元

序

  中国是世界上著名的文明古国，这里的一切都渗透着一个"古"字。以县这个最基层的行政单位而论，自春秋战国开始陆续出现，到公元前221年秦始皇将县制推向全国，延续至今，已达两千多年。县的数量也由一千多增长到近三千。

  就县龄而言，桐乡不算老，也不年轻，公元939年设县（乐史《太平寰宇记》），距今一千多年，初建时名崇德，县治设在义和市（今崇福镇）。到明宣德五年（1430），又一分为二，成崇德、桐乡二县，桐乡县治设在梧桐镇。到清代，因为崇德与清皇太极的年号相同，改名石门县，辛亥革命后改回原名。1958年，崇德县并入桐乡。1993年，桐乡又升格为县级市。

  崇德成县虽不算早，却深得天时地利之便。它21岁时，就迎来了中华文化的巅峰期——宋朝，史学大师陈寅恪说："华夏民族之文化，历数千载之演进，造极于赵宋之世。"当时的全国经济文化重心由黄河中下游南移至长江下游，而崇德县正地处长江之南、钱塘江之北，我国唯一贯通南北的大动脉京杭运河，穿县城而过，离南宋都城杭州仅一百来里，属京畿地区。宋高宗为抗金曾九次路过崇德，住了九夜，甚至就地办公，这在全国县级的历史上是绝无仅有的。

宋代的县，按人口多少分为八个档次：赤、畿、望、紧、上、中、中下、下。崇德属中，算是比较小的县，但是凭借大运河贯穿全境的优势，经济得到飞速发展，一年的商税总额达4000多贯，超过了太原府下属的三个畿县（太谷、交城、文水）的总和（《宋会要·食货一六》）。

与此同时，它在文化教育上也迅速赶上或超越一些早建千年的古县。以办学与考进士为例。公元1085年，崇德县开办了培养人才的县学，《县学记》由百科全书式的大家沈括所撰，大书法家米芾书写，这样的盛事在县级教育史上是十分罕见的。办学不到四十年，奇迹出现了，1124年，沈晦考上状元。宋朝共118科，288个府州1234个县，平均两个州分不到一个状元，崇德一县就占了一个。曾经是华夏文明中心地区的河东（今山西大部及陕北神木、府谷），在宋代有11个府州81个县，才出了两名状元。进士的总数，崇德一县竟然与整个河东不差上下。更令人惊讶的是，崇德莫家五兄弟先后考中了进士，五子登科的佳话，宋代三百多年仅出现过两例，另一例是福建建安范氏五兄弟。反观河东，有几科甚至颗粒无收，急得司马光向朝廷提议，给河东一些特殊优惠政策。从这一对比，可以看出新兴的崇德县竞争力是多么强大！

宋代崇德县的知名度颇高，南来北往的人士写的日记中经常会提到它。最早在日记中提及崇德县的是日本僧人成寻，他在《参天台五台山记》卷三说道，熙宁五年（1072）八月二十四日，乘坐杭州官员提供的大船，离开杭州到临平；二十五日经长安堰到崇德县，过夜；二十六日到秀州（嘉兴）。宋人日记中提及崇德县者有六种：赵鼎《丙辰笔录》绍兴六年（1136），郑刚中《西征道里记》绍兴九年（1139），周必大《归庐陵日记》隆兴元年（1163）及《南归录》乾道八年（1172），楼钥《北行日录》乾道五年（1169）与六年，陆游《入蜀记》乾道六年（1170）。赵鼎、周必大都是名相，楼钥为参知政事（副宰相），陆游是大诗人。他们的记载都是很有影响的。

还有一些没有紧迫事务的文人，他们经过崇德县时随时停留，观赏沿途美景，留下了许多诗篇。如书法家蔡襄，诗人陈与义、范成大、杨万里、叶绍翁，永嘉学派的代表人物叶适等均有咏崇德之诗流传于世。又，崇德离杭州甚近，大诗人苏轼曾与崇德县令周邠相唱和（《东坡诗集注》卷十二）。

宋代有大批镇市兴起，其中著名的有乌镇、青镇、石门镇等。乌镇、青镇隔河相对，河东为青镇，属崇德县；河西为乌镇，属湖州。乌镇、青镇本名乌墩镇、青墩镇，后避宋光宗赵惇讳，去掉墩字。镇虽分属两地，实际上融为一体，经济文化相当发达，其重要标志是修了镇志。桐乡地域宋代总共只修过两部镇志，其中之一即是《乌青记》（沈平撰）。

历史不会一帆风顺，蒙古铁骑踏碎了大宋社稷，华夏文化的高峰期中止了，社会开始走下坡路。当西方工业革命兴起时，清王朝却一味闭关自守，以致与西方的差距越拉越大，最终沦为半殖民地半封建社会。尽管如此，中华民族的文脉并没有断绝，而是顽强地延续下来。一百多年来，无数仁人志士艰苦奋斗，扭转了国运。特别是近几十年改革开放以来，国民经济飞速发展，中国迎来了新的辉煌期。桐乡又一次沾了天时地利的光，它地处经济高速发展的长三角地区，离大都市上海甚近。大运河之外又有高铁、高速公路贯穿全境，经济发展的势头强劲，多年来稳居全国百强县之列。在文化资源开发上也有非凡的成就。乌镇已是享誉海内外的名镇，世界互联网大会的永久举办地，是桐乡市一张耀眼的名片。

这里需要多说几句的是，桐乡还有另外一张名片，那就是千年古县城——崇德。我国目前尚有数以百计的古镇，至于更高一级的县城，就少得可怜了，用"寥若晨星"之类的词语都无法形容，北方只留下一座平遥县城，列入联合国世界遗产名录。江南已找不到一座完整的县城，七十多年来，在旧貌换新颜的浪潮中，一座座县城都变了样，而崇德县因为早就并入桐乡，县城降格为崇福镇，受影响比较小，保存了较多的旧貌。

县城与镇不同，它是一县的政治、经济、文化、宗教的中心，有城墙、护城河、县衙门、监狱、文庙、城隍庙等，都是镇所没有的。而作为江南的县城，又与北方的县城大不一样。崇德有护城河，平遥没有；城内有河有桥，平遥也没有。到过平遥县城的再看这里，自有别样味道，县城河网密布，可以坐船在城内外游览，观赏小桥流水、湖光塔影，无须走回头路。城内房屋皆沿河而筑，穿过保存完整的横街，便是一条条弄堂。一座不大的县城，竟然有七十二个半条弄。最窄处，仅够一人欠身而过。大运河从城中间穿过，河西是衙门和热闹的商业区，县衙西有崇福寺（西寺），今存金刚殿，前有两塔，塔内藏有吴越王的涂金小塔。河东则有文庙，1946年我就在那里上学，庙很宽敞，墙边放着米芾书写的碑。庙前有高大的牌坊，两旁有千年古银杏树，南有荷花池、宝塔，庙后有纪念吕留良的亭子，环境幽雅宁静，是读书的好地方。古代县学多设在文庙里，这里曾培养出许多进士和举人。

根据崇德现有的条件，再适当修复城墙等建筑，无疑会成为江南第一古县城，足以与北方的平遥媲美。

世界上一些文明古国，往往辉煌一时，便陨灭了。唯有中华文明，绵延数千年，任何外力割不断，砸不烂。华夏文化究竟有何魅力，会如此绵延不绝呢？许多海内外有识之士总想探个究竟，只是面对浩如烟海的中国古文献，不知道该如何下手。我觉得最简单的办法是，找一个县作为典型，仔细解剖一下，就能找见答案。正如俗话所说，一滴水珠能反映太阳的光辉。中共桐乡市委宣传部推出《桐乡大运河文丛》，从多个角度介绍全市的文化。当你看到一个刚过千年的县其文化已是那么厚重，那么精彩，就不难想象长达数千年的整个华夏文化是何等的惊人了。

李裕民

2023年11月19日

目 录

蚕乡习俗

非遗名录

前　言

桐乡，是江南枕水之乡，京杭大运河穿城而过，福泽两岸。境内河网密布，水路交通发达，孕育了桐乡独特的江南风光，也积淀了深厚的运河文化、农耕文化、蚕桑文化、古镇文化、宋韵文化、名人文化，赢得了"鱼米之乡、丝绸之府、百花地面、文化之邦"的美誉。

风雅桐乡，因水而兴。悠悠运河水，哺育了一代又一代桐乡人。2014年，大运河申遗成功，成为我国第四十六项世界文化遗产，桐乡也跻身世界文化遗产城市的行列。

2022年，桐乡正式启动桐乡市大运河国家文化公园建设，力争把大运河桐乡段打造成落实大运河国家文化公园国家战略的县域样本。为此，桐乡市委宣传部策划推出《桐乡大运河文丛》，《吴风越韵——桐乡大运河畔民俗风情》即其中一种。

本书分为四个篇章。

第一个篇章为"桐川风情"，主要从农耕生产、船民习俗、生育习俗、商贸文化、工匠文化、酒俗文化、庙会习俗、方言、民间文艺和游艺等角度，对桐乡地区的人文风情进行了阐发。随着时代的发展，此前生活在水上的桐乡船民先后上岸居住，"泛舟河上""渔舟唱晚"成为时代记忆，而那些桐乡庙会上的传统节目、生儿育女中的礼节仪式，以及桐乡地区的歌谣谚语也逐渐淡出人们的视野。通过阅读这部分内容，可以重拾桐乡人的记忆，领略昔日桐乡地区的民俗风貌。

第二个篇章为"四时风物"。桐乡小吃别有风味，特产远近闻名，茶食精工细做。这些质朴的人间烟火，激荡出"最桐乡"的舌尖味道，在岁月的长河中不断流传。令人难忘的美味佳肴，承载着一代又一代桐乡百姓心灵深处最温馨的记忆和最难以割舍的乡愁。

第三个篇章为"蚕乡习俗"。桐乡是全国知名的蚕桑之乡，是因运河而兴的丝绸重镇。桐乡人在长期从事蚕桑生产的过程中，创造了丰富多彩的蚕桑文化，传承着绚丽多姿的蚕桑习俗，给人们留下了一份珍贵的文化遗产。2020年9月2日，浙江省文化和旅游厅公布了浙江省省级文化传承生态保护区（创建）名单，"蚕桑丝织文化传承生态保护区（桐乡）"入选。由此，蚕桑丝织这项传统技艺及有关民俗，必将得到更好的保护与传承。

第四个篇章为"非遗传承"。非物质文化遗产是一个地方珍藏的记忆和文脉的延续。桐乡市拥有世界级非物质文化遗产项目一项，国家级非物质文化遗产项目三项，浙江省级非物质文化遗产项目十八项，嘉兴市级非物质文化遗产项目五十九项，以及二十一名浙江省级非物质文化遗产项目代表性传承人。经过多年的努力和尝试，终于探索出一套"非遗"保护的"桐乡模式"。

俗话说，十里不同风，百里不同俗；一方水土养一方人。本书全方位地展现了桐乡一地有关生产、生活、节庆、娱乐等的民间习俗。

现在，就让我们去阅读风雅桐乡，感受浓浓的吴风越韵吧！

·桐川风情·

农耕生产

    农耕民俗是农民在长期的农业生产实践中逐步形成的。由于农业生产是随社会的进步而不断发展的，因此农耕民俗具有社会功能，具体包括指导功能、教化功能、调节功能和团结功能等。

    农耕民俗的形成和发展，与其所处的地理环境及自然条件密切相关。运河的开挖改善了交通运输条件，客观上改变了农业水资源和区域水环境，对运河沿岸土壤、植被、农业生产结构乃至农民的生活方式都产生了很大影响。

    桐乡位于杭嘉湖的中心，地势平坦，土地肥沃，气候温和，四季分明，日照充足，雨量丰沛，很适宜水稻的种植和生长。据资料显示，早在七千年前，桐乡地区就种植水稻了。至宋代，桐乡的粮食生产占有绝对优势，《桐乡县志》（1996年11月版）第八编《农业》载："北宋，已盛产稻米，并远销数州。南宋，农桑日盛。……水田、旱地农作物种类渐增，并逐步发展为'百花地面'。"

    古代农业生产受制于自然环境，体现气候变化的二十四节气，就成了农民从事稻禾耕作的重要依据。不同的节气形成并衍生出一系列稻作生产习俗。

    "一年之计在于春"，一般认为，立春是春季的开始。春季是全年农业生产的关键时节，所以古人对立春这个节气特别看重，形成了"迎春"习俗。迎春主要是迎芒神，鞭打春牛，以祈求五谷丰登。《光绪桐乡县志》卷二《疆域下·风俗》载："或年前立春，或新年立春，皆于前一日，县主率领丞尉，各具朝服，乘明轿，排仪仗，陈鼓乐，舁春牛，以迎春于东郊。出东门至东皇庙，迎太岁神。归至县署大堂，同饮春酒。次日候至立春时刻，祭太岁神讫，各官执彩仗，行鞭春礼。"从这个记载我们可以知道，"迎春"是由官方组织且比较隆重的一个仪式。这一风俗反映了封建社会对农业的重视，以牛作为农业的象征，寓意"迎春天，祝丰收"。至民国初，人们将祭拜芒神、鞭打春牛的迎春习俗简化为贴春牛图的"奉春"习俗。春牛图以木板刻印而成，上面画有牧童放牛的图案，还刻有当年农历的十二个月份及二十四节气的时间。农家张贴春牛图，以便了解节气时间，掌握农时。

在濮院的乡村，还有春社日祭祀土地神的习俗。沈廷瑞在《东畬杂记》中载："每年二月作土地会，赛神无虚日。"其曾孙沈涛《幽湖百咏》云："社日人家祭社公，半居灵宿半梧桐。劝郎满酌社公酒，要祝田蚕十倍丰。"表达了农民渴望田蚕丰收、丰衣足食的美好愿望。

除了迎春等习俗之外，新年观天象、断农事的风俗也在桐乡广为流传。旧时，人们往往于农历正月初一至初十这十天，通过观察天气变化来推断一年的农事好坏。如果初一至初六天晴，则当年一定六畜兴旺；如果初六至初十天气晴好，则农业蚕桑可望丰收。桐乡农谚有"正月初一晴，农田好收成"，"初二阴天天不晴，老农种田田不成"，"正月初五大晴天，老农收入添一添"，"初八是晴天，一年五谷丰"，等等。其实"观天象、断农事"这个习俗的来源可追溯到汉代。据顾禄《清嘉录》载："汉东方朔《占书》：岁后八日：一日鸡，二日犬，三日豕，四日羊，五日牛，六日马，七日人，八日谷。

其日晴，所主之物育，阴则灾。"再来看《光绪桐乡县志》卷二《疆域下·风俗》的记载："自初一至初十日，喜天晴，以十日落山为祥瑞。谚云：'一鸡，二犬，三羊，四猪，五牛，六马，七人，八谷，九蚕，十麦。'"从中可以知道，桐乡又因地制宜地加上了"九蚕、十麦"两项内容，这也说明桐乡人对蚕桑和农耕的重视。

正月十五是元宵节，桐乡各镇均有迎灯的习俗，乌镇、石门还有走桥的习俗。农村则有"烧田蚕"的习俗。元宵节晚上，一些农家用稻草扎成小把，点燃后高举火把在田间奔跑，或将火把甩上甩下，有人还要高唱几句田歌：

火把掼得高，三石六斗稳牢牢。
火把掼到东，屋里堆个大米囤。
火把掼到南，国泰民安人心欢。
火把掼到西，风调雨顺笑嘻嘻。
火把掼到北，五谷丰登全家乐。

此俗据说是古代社会刀耕火种的遗风，流传至后代，含有祈求丰收兼娱乐之意。中华人民共和国成立后此俗仍在乡间流行，其用意是把那些藏于枯枝败草中的越冬害虫及虫卵烧成灰烬，化作春耕时的肥料。

过了正月十五，农民开始准备春耕了，包括选种、积肥、检查农具、翻耕土地等。在濮院，有祭祀蝗神的习俗。由于蝗神能够驱蝗，使田禾丰收，因此家家户户都要祭祀蝗神。农历三月初，濮院镇上廿四坊轮流酬神，五通庙里鼓乐喧天，供奉三牲，陈献酒食，以报田神。附近村民划游船，纷至沓来，宴饮欢聚，直至酩酊大醉，尽兴而归。沈涛《幽湖百咏》云："五通庙中鼓似雷，灵官桥下画船来。黄

正月十五提灯走桥 / 乌镇旅游公司供图

鸡白酒人人醉，廿四坊中赛社回。"

乡谚云："吃了清明夜饭，晴天落雨都要出田畈。"清明之后，桐乡地区的农业生产开始进入繁忙时节，晴天也好，下雨也罢，田里的事刻不容缓。一般是在清明节后的第二天播种，乡谚云："播种不过清明关，移栽不过立夏关。"旧时种田第一天俗称"开秧门"，种田结束的那天称为"关秧门"。开秧门这一天，桐乡各地均有请田公地母的习俗，所谓田公地母，即传说中管耕田种地的神仙。这实际上是古代祭后土的遗风。一般农家在家里设案拜请（乌镇的农家此日吃鲞鱼，鱼头朝南，寓意种田有"想头"、有好运）。案桌上，竖立起画有田公地母的神牌，供上肉、鱼、鸡及豆腐干、千张等酒菜，点烛燃香，然后祭拜。有些贫苦人家则置备简单的酒菜，放在师姑箬（竹匾）里，在田畈横头祭拜。拜过田公地母，即算秧门开了，可以种田了。有《种田歌谣》云："上前一步绳调调（即种田绳），落后三步插青苗。双腿弯弯插泥土，手捧青苗排六棵。"

旧时的种田习俗中还有不少禁忌，如插第一行秧时不得开口，不可互传秧把，更不可把稻秧甩在别人身上，打在身上称"中秧"，"中秧"与"遭殃"谐音，被认为是不吉利的。插秧过程中不可将自己手上的秧苗分给别人，"分秧"可能会使两人结怨，等等。

丰子恺漫画《晓风残月》中，两个赤脚农民头戴草帽，弯腰插秧，头顶一弯明月，足见农民的艰辛。

插秧结束日称为关秧门。关秧门这一天要事先安排好，必须在天黑前完成插秧，如人力不够，就要请工帮忙，至天黑时还未完成插秧，则被认为是不吉利的事。当天晚上照例要准备一桌酒菜，俗称"关秧门酒"，以示慰劳和庆贺。

种田结束后，接下来就是灌水、除草、施肥、耘田等田间管理工作。水稻靠水生长，所以灌水特别重要。旧时农田灌水有两种农具：

一种是用人工踏的水车，另一种是用牛牵引的牛盘车。钱泳《履园丛话·水车》云："大江以南灌田之法，俱用水车，其来已久。又名曰桔槔。……东坡《无锡道中赋水车诗》云：'翻翻联联衔尾鸦，荦荦确确脱骨蛇。分畦翠浪走云阵，刺水绿针抽稻芽。'可谓形容尽致。"

一般农家养不起牛，只有人工水车。贫穷人家连水车也没有，只好以工换车来解决这一难题。拥有水车的农户作为一个圩头的牵头人，按土地人力多少进行合理分摊，收取一定车水费。田多人少者可多出些钱，田少人多者可以少出钱，以工换车。秋收之后，所收车费若未用完也不退还，而是由圩头的牵头人用这些钱请大家吃一顿，俗称"吃散车酒"。这种习俗在崇福乡村流传较广。

正常年景，这种车工互换的方式可以解决农民用水的一些实际问题，若遇上旱涝灾害，这种方式就不行了。遇旱灾时，需要从外塘往田里车水，而遇涝灾时，则需要从田里往外车水。清代石门画家方薰作有《踏塘车》："去年踏塘车，田中赤裂飞黄沙。今年踏塘车，田中淲濿多鱼虾。去年一旱三五月，今年风雨横交加。踏车一日，雨落一尺。水深转车足无力，雨中踏车愁逼仄。昨日前日不得息，今日已暮仍乏食。雨不止，车不休。田中水，禾没头。眼中泪，车上流。子鬻去，妻难留。妻难留，道旁哭，来日何人共车轴？踏塘车，声辘辘。"从诗中可以体会到封建社会底层农人的辛劳与无奈。

民国二十三年（1934）夏，桐乡遭遇百年未遇的特大旱灾，从农历三月下旬至七月下旬，连续四个月滴雨未下，连斜贯桐乡的京杭大运河也只剩下一线浅水。有首民谣说："民国廿三年，河港底朝天。种谷收勿着，讨饭卖长年（即长工）。"农民们需要用几部水车才能把运河底部的水车到田里，其辛苦简直无法用笔墨来形容。丰子恺于1934年8月创作的随笔《肉腿》是这样描写抗旱农人的："从石门湾到崇德之间，十八里运河的两岸，密接地排列着无数的水车。无数仅穿着一条短裤的农人，正在那里踏水。……船主人说，前天有人数过，两岸的水车共计七百五十六架。连日大晴大热，今天水车架数恐又增加了。我设想从天中望下来，这一段运河大约像一条蜈蚣，数百只脚都在那里动。"丰先生的漫画作品《云霓》，也展现了家乡人民与大自然抗争的场景，画中两位老农高卷裤管，赤膊上阵，在运河上架起水车，车水进田，可还是赶不上太阳的蒸发。天上两三片云朵显示要下雨的迹象，给人们带来了希望。丰先生的其他漫画作品如《施粥》《先吃藤条》等，都是在这一背景下创作出来的。

当时回乡的茅盾也目睹了旱象和灾情，写了纪实性小说和散文《赛会》《大旱》《戽水》《桑树》《人造丝》《疯子》等。他在《赛会》中这样写道："这镇上因为天旱，就由镇西区的居民开头迎神求雨。照例是周仓会。"

面对这样的天灾，"靠天吃饭"的农民只能求助于神仙，于是"求雨"之风盛行。民国二十五年（1936）重修《乌青镇志》卷十九《风俗》载："（五月）十三日为关帝诞，崇福宫关圣殿祝诞设宴，名关帝会，里人迎周仓会。"

农历五月十三日是关帝的生日，一般在十三或十四日举行"关帝会"。据传关帝本掌管风雨，有一次关帝有事离庙，嘱周仓代为掌管。这天偏偏多事，来了四个人：一名蚕农要求天晴，一名田夫要求下雨，一名船夫要求刮风，一名磨粉的要求无风。周仓眉头一皱，计上心来，下令"夜里落雨日里晴，河里刮风岸上停"，满足了每个人的需求。从此，人们对周仓的赞誉超过关公，就纷纷向周仓求雨了。"迎周仓会"一般在晚上进行，从关帝庙所在街坊开始，由十六人手擎长柄灯笼分成两列在前面开路，接着是八人大轿抬着周仓塑像，轿子前面由一壮汉手持长柄大刀引路，轿后为六人组成的乐队，敲锣打

耕作 / 乌镇旅游公司供图

割稻 / 乌镇旅游公司供图

鼓为其伴行，最后是两列灯笼队伍。轿子从关帝庙出来后，沿着全镇主要街道巡游一圈，结束后，再将周仓塑像抬回庙中。迎会三天后仍不下雨，人们就要给周仓塑像穿上蓑衣，带上笠帽，抬到酷日下，以示求雨心切。

除了迎周仓求雨，桐乡的一些地方还流传着向龙王、观音求雨的风俗。中华人民共和国成立后，这种迷信神仙的习俗均被废止。

《（乾隆）乌青镇志》卷七《风俗》载：六月"插青毕，农人赛田畯，名青苗会"。乌镇西郊农村的"青苗会"，时间一般在农历六月十五日前后，由各个村轮办，费用按各家田亩的多少分摊。村民们将倩泾庙（土地庙）里的菩萨安乐王（称总管，红脸）、上天王（称猛将，白脸）抬至两张八仙桌上，菩萨面前放上条箱，上面摆放瓜果、猪头三牲，还堆放很多蜡烛扦子，称蜡烛山，供人们烧香时插蜡烛使用。到了下午，人们将两尊菩萨分别置于竹制轿中，各由四位小伙子抬着，沿全村每爿田的田埂绕一圈。村民们把买来的画有龙形的纸旗插于田中，一爿田中插一面旗，然后在每爿田中拔几棵秧供在菩萨面前。"青苗会"结束后，全村男女老少共食供在菩萨面前的食物。举办"青苗会"的意思是希望菩萨保佑秧苗生长好，没有虫害，获得丰收，因此也叫"送猛将"或"望田"。中华人民共和国成立后此俗废止。

长江流域被誉为"天下粮仓"，西晋的左思在《吴都赋》中提到"国税再熟之稻"，证明西晋时期苏州一带已有双季稻。从播谷、插秧、车水、施肥、收割一直到稻米飘香，在整个水稻的种植过程中，农民不知要付出多少艰辛。以前由于生产方式落后，粮食亩产仅二百多斤。现在科学种田，从"靠天吃饭"到"知天而作"，亩产平均已过千斤。茅盾于1973年所作的《一剪梅》说："六十年前景凄凉，垅上多粮，陌上无桑。而今日月换新装，八茧蚕忙，双季稻香……"

船民习俗

　　大运河上的船民赖运河而生，长年累月地在水上劳作、生活，产生了不少生活习俗。

　　所谓船民，就是以船为家，并且在船上劳作——或从事捕捞，或从事运输，或从事一些与船密切相关的营生，如罱河泥、捞水草、装粪、摆渡的人。其中人数最多的是从事捕捞的船民，也就是人们熟知的渔民。在旧社会，船民社会地位低下，生活艰苦，过着朝不保夕的生活，他们经常说："天下三大苦，打铁撑船磨豆腐。"

　　浦泉、群明编《明清民歌选（乙集）》中有一首浙北山歌《摇船》，是描写水乡船民的歌：

> 水里摇船水里歇，水里摇船能得几个大铜钱？
> 六月晒得泥鳅黑，十二月冻得紫蝴蝶。
> 水里摇船水里歇，水里摇船能得几个大铜钱？
> 穿身破衣千个穷心结，头上带个井乃圈。
> 伸脚伸去到灶前，缩脚缩在下巴前。
> 水里摇船水里歇，水里摇船能得几个大铜钱？
> 绿汪汪水当褥子，丝草蓑衣盖身体。
> 万台眼浪当枕头，罗非眼里望青天。

一、船民生活

桐乡一带，以船载客或替人装运货物的船民只占少数，他们基本上都有固定的场所，条件好的人家还在岸上有房。如大麻镇黎明村的杨巧加，小小年纪就与其养母一起"扳桨"，也就是划船婆（载客载物）。在水上运输的船只中，"划船"是最小的，船身长约四米，两头狭窄。划船的人，一个在船艄扳桨，一个在船头划船兼把舵。中舱长约两米，宽八十厘米，为载客之用。这种船只能载一两位客人，最多带小孩乘三个人，那已经很挤了，如果是载货，则不能超过四百斤。行驶途中，前面扳桨的人必须与后面划船的人联合起来，协调使劲，还要随时用力以膝盖支撑船沿来压稳船只，这样船才能行得既稳又快。

更多的船民是以捉鱼（捕鱼）为生的，他们居无定所，以水为路，以船为家。渔船一般为三吨或一吨半的木头船，分为前舱、中舱、后舱三部分，船面上铺设有一块块可以翻转的木板，称为"平基板"，渔民在板上活动。前舱是渔民下网的平台，舱下可以藏鱼。中舱上方盖有顶棚，前后都设有挡门，可以遮雨挡风，这就是渔民的卧室。船尾为后舱，是行船摇橹的平台，船艄平基板边上放有一只缸灶，上面放着铁镬子，就算是灶镬间。船艄上方搭有高高的凉棚，凉棚高过中舱的顶棚，这样在摇橹行船时就可以望见前方大片水域，以免与对面过来的船只发生碰撞。

渔船有好几种，专门用"摸鱼鸟"（鸬鹚）捕鱼的叫"木鸭船"，放黄鸭的叫"黄鸭船"，以放丝网、鱼钓为主的叫"脚划船"，用网捕鱼的称为"捻网船"。

桐乡地区的渔民来自好几个地方，同一个地方来的为一帮，有湖北帮、苏北帮、湖州菱湖帮等，当地渔民则称本地帮。各帮都有一

运河船民 / 徐建荣摄

个"香头"，二十世纪三四十年代，乌镇本地帮渔民的"香头"名叫朱仁宝，平时以捕鱼为生，渔民一旦有事就去请他。那时候，乌镇一带最大的"香头保长"名叫吴桂福，是吴兴人，他手下有许多"香头"，管理着各自区域内或不同帮派船民之间杂七杂八的事务。

属于哪个帮，只要一看渔船就知道了。湖北帮的船比较短，船身宽，肚皮圆，用双桨划行。苏北帮的船船身狭长，用单桨划行。菱湖帮的船和本地帮的船船身瘦长，船尾高翘，用橹板摇船。湖北帮的船还有个特点，就是船身两边贴有两根"腰勒"，即将一根杉木剖开镶贴在船两边，可以起到稳定船身的作用。

船上人苦，渔船上的人更苦。渔民不管是三伏酷暑，还是数九寒冬，不管是刮风下雨，还是结冰飘雪，差不多天天要出船捕鱼，否则就没钱买米下锅。渔民每天起早贪黑，也捕不到多少鱼，一般也就一二十斤。旧社会，鱼不值钱，鳜鱼、甲鱼是一角五分一斤，鲤鱼、鲫鱼、黑鱼是一角一斤，鳊鲏鱼、川条鱼只有四五分一斤。当时大米一角多一升，一斤鱼甚至还换不到一升米，渔民生活的困苦可想而知。

渔民一年四季捕鱼，过年时也要捕到农历腊月廿九才停止。大年三十这天，几户至亲或特别要好的渔民相约把船停在一起，用毛竹爿将几条船的船头、船尾捆绑固定，形成一个稳固的"水上平台"，方便大家走动。几家人围坐在一起吃年夜饭。在船上过年要拜观音和财神。渔民到附近集镇上的纸马店请来菩萨马幛，贴在一块板上，放在船头平基板上拜一拜。供菜用一个元宝头（猪头），讨个招财进宝的好口彩；一条鲤鱼，寓意鲤鱼跳龙门，图个吉利；再加上雄鸡，还有千张等素菜。请神后，吃年夜饭。烧年夜饭时，渔民会烧满满一锅子，吃剩有余就算吉利。年初一早上要吃圆子，叫"顺风圆子"，讨个行船顺风顺水的吉利。过年时一般要停船三天，年初四开船捕鱼。新年第一次捕鱼要讲究吉利，最好第一网收上来时有鲫鱼，讨个"大吉大利"的好口彩。捕到鲈鱼会特别开心，因为鲈鱼胖乎乎的，渔民称它为"财神鱼"，捕到财神鱼预示着当年要发财。

同一个帮的渔民，有用"摸鱼鸟"捕鱼的，也有用网捕鱼的，各不相干。乌镇本地帮渔民王云根就是用"摸鱼鸟"捕鱼的，据他说，渔船上男为主，女为辅。大年初一一大早，所有用"摸鱼鸟"捕鱼的人会将船摇到大的漾潭里，在船头点上香烛，用力将船旋三转，船停止后，船头朝哪个方向，哪个方向就是捉鱼的方向。年初一旋船定方向，是老一辈传下来的规矩。正式出航捉鱼时，要点香烛，放炮仗，而后男主人磕三个响头，站在船头用篙竹向船前的水面用力划三下，一定要划出浪花，划出水声，这样捉鱼时才会一帆风顺。

渔民在水中讨生活，讲求"三靠"，第一靠水，第二靠天，第三就是靠菩萨。运气好时，会有好的收获，通常讲"十网九网空，一网就成功"，就是这个意思。而天气不好，刮风下雪，就会影响捕鱼收成。

民国二十三年（1934），湖州、桐乡地界大旱，从农历三月到七月，整整四个月没下一滴雨，小河小溪底朝天，就连大运河也干得像一条浜，船都摇不过去。渔民们只好摸水菜（河蚌）、扒螺蛳充饥，后来螺蛳也扒光了，只好挽只篮子上岸讨饭。有些年轻力壮的渔民会去打工，帮农民挖浜，从运河里引水去救禾苗。当地有个传说，当时开浜时挖到一只海碗大的癞蛤蟆，大家都感到新奇，想用秤来称它的重量。谁知癞蛤蟆突然开口了："勿称三斤半，称也三斤半，落雨要过七月半。"后来，果然到七月半后才下雨。人们认为癞蛤蟆是天上的神仙下到民间来报潮汛的。

渔民最怕天灾和人祸，人祸就是战乱和土匪。抗战爆发前，一篮子鱼可以换一升米，那时候十升等于一斗，一斗米是十五斤，经常是上午捕的鱼上午就卖掉，下午捕的鱼晚上之前就卖掉，即使这样，渔

用鸬鹚捕鱼的渔民 / 徐建荣摄

民还常常无米下锅。

抗战爆发后，渔民的生活更加艰难了。大多数渔民吃了上顿没下顿，加之生存条件恶劣，无法抵御各种风险，只能听天由命。

二、船民禁忌

旧时，船民大部分不识字，船民的孩子也没有条件读书，知识很匮乏。他们认为自然万物都附有神灵，为避免触犯神灵，就产生了各种禁忌。这些禁忌贯穿于渔民生活的各个方面。如船上所用的帆，不能叫帆，得叫篷，因为"帆"与"翻"谐音，叫"帆"预示着船要"翻"，不吉利。吃鱼时要从头吃到尾，一面吃完，挖出鱼的脊骨后继续吃，不可将鱼翻过来，也是忌讳"翻"字，可以说"把鱼正过来"。鱼头则要让当家人来夹，原因是鱼头代表船上的主人。盛饭不能说"盛"，因为"盛"与"沉"谐音，不吉利，要说"添"。不可将筷子搁在碗口，因为筷子搁着意味着船要搁浅。不可把双脚荡出船舷外，以免"落水鬼"拖脚。女子不能坐在船头。结婚未满月的新娘子不得跨船串门。撑篙时不能用篙子推人家的船头，也不能碰到人家的船身。船只靠岸时，不能从船群中挤进去，而要停靠在已停船群的上游或下游。船从一座桥下摇过时，撑船人忌讳开口说话，否则会被认为冲犯桥神。若遇到女人走上桥时，要等她走过去才可把渔船划过去，否则会被认为不吉利——不是捕不到鱼，就是要出意外事故。不许用铁链拴带两船，民间认为铁链是阴间小鬼钩索人魂用的，为图吉利，要改用绳索（棕绳、麻绳等），也便于紧急情况下用斧子将其砍断。出门捕鱼时，同行途中相遇，要各走一边，遇船叫号，靠左边的喊"搭着"，靠右边的喊"翘嘴"。新船下水，须敬神，舱帆、船头、篷盖上要系红绸飘带，用猪头、鸡、鸭、香烛祭祀，等等。

现在看来，这些禁忌产生的原因主要是为图个吉利，或为了安全，或为了少惹麻烦。

对于水上的漂浮物，不管贵贱，一律不准打捞。船民认为，所有水中浮物，均跟水中神灵有牵连，不可捞取。为此，过去即使见到落水的人，渔民也不愿搭救，怕救了之后跟所谓的"落水鬼"结怨。中华人民共和国成立后，此俗已变，渔民凡见有人落水会立即搭救，即使不能用手直接搭救，也会用竹篙当工具去间接救助。

苏北帮渔民还有他们自己的风俗习惯，比如每天早晨开船捕鱼时，会先用篙子向船头的水面拍打三下，然后划桨出行。据说，开过水门之后，船出去就会一路顺风，平安无事。如果与别的渔船发生矛盾，就用竹篙划划船头水，表示息事宁人，张网捕鱼去，等等。

三、婚丧嫁娶

旧社会，大多数船民讨不起老婆，所以在孩子很小的时候，其家人就会从别人家抱养一个丫头，养大了当媳妇。有首歌谣是这样唱的："有女不嫁弄船郎，一年空守半年房。有朝一日回家转，点灯熬油补衣裳。"还有的船民会把自己家的女孩嫁给姑舅亲或者姨表亲的男孩，自己家的儿子再娶对方的女儿。正如歌谣里所唱："你娶我妹我嫁兄，两家对调亲加亲。叔接嫂来伯续姨，闲人闲话当阵风。"这种形式的联姻太多，造成亲友间的关系复杂，称谓也变得复杂。但船民们自有解决方法，就是"亲不压族""各亲各叫"，既顾及家族利益，又照顾了姻亲脸面。

船民的婚礼习俗与岸上人家略有不同。据乌镇本地帮渔民罗桂才（1924年生）回忆：本地渔民与江北渔民是不通婚的。渔民子女成年（年满16周岁）后，由父母做主为他们张罗婚姻大事。除了童养媳外，媳妇一般在熟识的渔民（或亲戚）中选择，经双方家长同意后，这门婚事就算定下来。结婚时，男方如果有些积蓄，就买条小船当彩礼，女方则整理几床旧被子作为嫁妆。条件好一些的人家还会请"茶担"师傅，"茶担"师傅提供轿子，新娘子坐轿子在岸上兜一圈，来到河埠。河埠与渔船之间放一架梯子，新娘子经过铺有红毡的梯子走到挂满红绸的船上。

渔民的婚礼都是在船上操办。把船泊在某处港湾，几家亲戚将船连在一起，用毛竹爿将船艄及船尾绑定，再租一艘伙头船（烧饭做菜的船）。每艘船上发三桌，前舱、中舱、后舱各摆一桌。酒水就是"蹄子八样头"，每人再分一包糖。结婚仪式上，也会请"乐人师傅"。新房设在船舱中，敬神、祭祖的所有规矩一样不少。比较富裕的渔民会在岸上临时搭建棚子，摆酒席庆贺。结婚后，父母会给夫妻二人一条渔船，不论新旧，捕捞工具也一应俱全。大多数小夫妻会由此自立门户，开始独立生活。

渔民中有老人去世，丧事也办得很简单，由香头保长联系，在岸上找一块墓地，将老人埋葬，再在船上摆上素酒，招待前来祭奠的亲友，就算完成了。

四、祭祀活动

桐乡的船民每年至少要参加三个庙会（烧香活动），其中有两个在桐乡地区之外，由香头保长出面组织。前文说过，船民一年忙到头，庙会活动就相当于船民们的节日，可以暂时忘却生活的艰辛，所以都愿意去参加。

第一个庙会是嘉兴王江泾莲泗荡网船会，在每年的三月二十六举行。这个网船会最隆重，江浙沪一带数万船民，纷纷驾船前来祭祀刘王（即刘猛将军），船只不下数千艘，是船民的重大节日。民间传说刘王叫刘承忠，元末蝗虫成灾，刘承忠率领军队赶赴灾区扑灭蝗虫，又带领百姓捕鱼虾以自救，终因劳累过度，淹死在莲泗荡。附近百姓为纪念他的灭蝗功绩，尊他为"刘猛将军"，并为他立庙塑像加以祭祀。

前来赶庙会的船户，在船头陈列祭品，有黄酒、猪头、猪爪、猪蹄髈、肋条肉、鱼、豆制品以及水果、糕点等。船靠岸后，船民挑着或抬着丰盛的祭品，供奉到刘王塑像前，燃烛焚香跪拜，再去化纸炉里烧掉冥币、冥品。

刘王庙里的祭祀完成后，船民还会在岸上和船上举行祭祀活动，仪式大同小异。除了祭祀活动，船民们还会会亲、访友、聚会，晚上还有戏看，这个过程往往持续一个通宵。庙会期间还有船民自发组织表演的宝卷、神歌、龙舞、狮舞、挑花篮、荡湖船、高跷、大纛旗、清音班、抬轿、腰鼓、戏文、踏白船等活动。

举行踏白船比赛时，因为参赛队伍太多，所以由各地的香头保长协商确定名额，比如去年这几个镇参加了比赛，那么今年就让其他几个镇参加。乌镇的船民若要参加比赛，需要提前做好准备。因为乌镇的踏白船是四橹八桨，但在比赛时必须拿掉二橹，变为二橹八桨，船艄还要搭上一木板横"跳"出去。

网船会的高潮是"猛将出会"，猛将的仪仗以杏黄大纛旗为引导，人们敲锣打鼓，船民用轿子抬刘猛将军像巡游。随后是各地船民组成的社团，边巡游，边表演。出会的队伍，前有"行牌"十副，绘有各种神仙故事，如"八仙过海"等，銮驾包括刀、枪等十八般兵器，然后是高跷队、花灯队等民间歌舞，最后是男女"扮犯人"和各种乐器演奏等。游行队伍从刘王庙走到长虹桥，再往回走，有数里长。

网船会一般举行三天，最长的时候要持续一星期左右才结束。1958年，刘王庙被拆除，网船会停办。1979年前后，民众又自发来此祭祀刘王，烧香者大多为渔民和妇女。1986年，当地政府在刘王庙原址上建成"刘承忠纪念馆"，并恢复了一年一度的网船会。2011年网船会被列入第三批国家级非物质文化遗产名录。

第二个庙会是湖州石淙的太均庙烧香活动，桐乡各镇的船民结伴摇船前去。"太均庙"原是为纪念宋朝兵马都监陆圭将军而建。据说陆圭开盐船到石淙贩盐，后来入赘姚家，当官后开仓赈粮以救饥民，为百姓做了不少好事。方腊起义后，陆圭带领军队围攻，在桐庐七里滩打败了方腊，在返回钱塘时，因风浪大，船沉而亡。朝廷封他为广陵侯，民间将其奉为"潮神"。后来，他的三个女儿显济、通济、永济被封为"三台太均"，全称叫"南塘三殿太均"。江浙沪一带民间传说，"太均娘娘"是主管人间生育事的神，同时也是儿童的保护神。尤其是三女儿永济，是妇女求子的太均神，向永济许愿求子，十分灵验。有些生小孩的舍姆娘（坐月子的妇女）会去"太均庙"还愿，供台上是一荤二素。据说陆圭的三个女儿中，只有永济是吃荤的。永济的生日是农历九月十六，为了表达对她的敬仰和感激，每年这一天，江浙沪一带的船民都会聚集到石淙太均庙，举行盛大的庙会活动，内容有打莲花、扎臂香、抬阁船、拜香司等。晚上还会演戏，戏钱由各地的香头保长出，船民们不用凑份子。

第三个庙会是桐乡本地的"渔船会"，每年农历九月初九重阳节举行。乌镇南面的运河北岸，有一座宗扬庙。每年重阳节，船民都会赶去祭拜，附近如嘉兴、湖州、吴江等地的船民也会赶来参加，人称"渔船会"。宗扬是明朝嘉靖年间抗倭将军宗礼，他奉命率领十八禅将和九百兵士沿着运河从杭州赶去桐乡增援，在崇德县北三里桥与倭寇相遇，三战三捷，残敌向皂林方向逃窜，宗礼穷追不舍，不料遭遇倭寇的大部队，终因寡不敌众，除宗礼外全部殉难。宗礼想赶往桐乡县城搬救兵，行至绣溪桥畔，遇一渔民，宗礼问道："到桐乡还有多少里？"这渔民是湖北人，回答道："七八里。"宗礼误听成"七百里"，便长叹一声，拔出佩剑，斩断马脚，投河自尽。据说这天正好是九月初九。隆庆年间，朝廷在绣溪桥畔建立褒忠祠，后毁坏。清同治四年（1865），沿塘渔民纷纷请愿募款，在原址重建祠堂，题名"宗扬庙"（后人称宗阳庙）。民间传说，宗扬将军是渔船的总管神，所以在这一天，远近的渔民都要停止捕鱼，摇船去宗扬庙祭拜。湖北帮渔民总觉得宗扬将军的死跟自己有关，十分对不起他，所以每年的"渔船会"都由湖北帮渔民牵头。迎会的前几天，湖北帮的香头会分别到各渔船上询问是否要参加宗扬庙渔船会，若参加就写上名字，出点钱（大约一斗米钱），这钱主要用来买香烛、供菜和请戏班子。凡出过钱的渔民，名字都会写在红纸上贴到庙墙上。生活较苦的渔民即使不出钱也可以去看戏参加活动。

九月初九那天上午，湖北帮的渔船会从四面八方划来，停靠在宗扬庙前的运河塘上，由于船太多，来得迟的停不进去，只好停到庙西边绣溪桥下的三里塘。

祭祀仪式比较简单，香头带领大家在宗扬将军塑像前摆上供菜，点燃香烛，然后带领众渔民跪拜。拜过后，大家便自由活动。庙会上吃的玩的样样都有。其他帮的渔民会在下午赶来，焚香供斋，对庙朝拜。

1937年11月23日，侵华日军占领桐乡后，发现宗扬庙中题有"抗倭忠烈""荡倭安邦""兴华灭倭"等匾额，于是将其烧毁。抗战胜利后，渔民们集资在原庙基上重建三间大殿和偏殿，重塑宗扬将军像。1946年九月初九举行了盛大的祭奠活动，由当时桐乡县县长范文治主祭。据民国三十五年（1946）《桐乡年鉴》记载："本年光复伊始，本县各界为追念宗礼先烈，激发民族正气，特定旧历重九日，发起公祭，县府全体职员，均前往参加。……今幸河山重光，各界举行公祭，亦可稍慰英灵于泉下矣！公祭在墓前举行，大家皆冒雨参与祭礼，由范县长主祭，仪式在雍穆庄严中完毕，而宗公祠前，香烟缭绕，灯烛辉煌，猪羊牲礼，祭典更盛，足证崇敬忠烈，人皆有之。宗礼虽亡，而其精神永存也！"

桐乡船民的生活习俗，体现出民间文化原生性、本真性、丰富性的特点，承载着劳动人民的生存方式和生活想象等大量历史文化信息。它们是长年漂泊于大运河及其支流上的桐乡船民在艰难条件下生存下去的精神支柱，给船民以很大的精神慰藉。

中华人民共和国成立后，人民当家做主，成立了渔民协会。随着时代的变迁，船民先后上岸居住，"泛舟河上""渔舟唱晚"已成为时代记忆。

　　生儿育女关系到一户人家血脉的延续和后代的繁衍，即所谓"传宗接代"，因此历来为人们所重。旧社会，人们认为只有儿子才能传宗接代，所以夫妻总盼着能生个男孩子。

　　夫妻结婚之后，若两三年女方仍未怀孕，或者头胎生下的是女孩，就要设法去求子。求子一般是去寺庙求观音，也有去求张仙或曹王的。旧时，一些寺庙中均供有送子观音。求子者准备香烛、糕点和水果，于农历二月十九观音生日那天，去庙中求神赐子。还有人专程去太君庙求子，沈涛《幽湖百咏》云："灵鹫松杉旭影衔，溟濛花雾湿春衫。太君庙下酬香愿，道我佳儿总不凡。"诗咏妇女们到濮院镇会龙桥西灵鹫庵太君神像前烧香求子的习俗。

　　在桐乡，孩子出生前后民间流传有胎禁、催生、做三朝、办满月酒、抓周等习俗。

　　胎禁就是妇女怀孕之后有不少禁忌。比如，孕妇不可到蚕房看蚕，也不可到别人家新房里看新娘子，据说会犯花刹；不可去看人家办丧事，如果去了，小宝宝生下后会没有脖子；不可看别人打架，等等。在饮食方面，孕妇不可吃鸡爪，因为吃了鸡爪，将来小孩写字会不好看；不可吃狗肉，吃了狗肉后生下的小孩会乱咬人；要多吃水果，这样生下的孩子眼睛才会水灵灵的；要多吃坚果、鸡蛋、鲫鱼，

儿童佩饰／徐建荣摄

这样生下的小孩才聪明；要多吃胎羊肉，这样生下的小孩才会白白嫩嫩，等等。

小孩出生前一个月有"催生"的习俗，俗称"催生蛋汤"，也称"端蛋汤"，主要由孕妇娘家送，亲戚朋友送多送少自己来定。旧俗，农历正月、八月及下雨天都不可"端蛋汤"。催生蛋汤一般包括鸡蛋、红糖、糯米、镬糍及小孩出生后的衣服等。鸡蛋数量必须是单数，在五十一个到一百零一个之间。鸡蛋易碎，所以要在里面放上"稳"（稻谷打下后放在风车里摇，掉在下面的是谷，而被风车出来的粮秕、稗以及瘪谷、稻草之类的称为"稳"），以求小孩能稳稳当当地生下来。红糖要成双（二至四斤），忌送六斤；镬糍一包（大约二斤）；衣服有单衫（没有纽扣的毛边衫）、棉袄、大裹裙，等等。"端蛋汤"要在小孩出生前一个月送到；如果小孩足月还没生，娘家还要象征性地再送一次，送到后赶快走，据说这样小孩马上就能生下来。

婴儿出生以后，女婿要马上到岳母家报信，说孩子生了，俗称"报生"。回来时，丈母娘要给女婿一尺状元糕，娘家还要送一次"熟汤"，里面有烧熟的刚生蛋的小母鸡以及桂圆、人参等，为的是给产妇补充营养。

生了小孩的产妇叫"舍姆娘"，要在家里休息一个月，俗称"坐月子"。坐月子时也有很多禁忌，比如不能外出；不能吹风，不能洗头，否则以后会头痛；不能用冷水洗手脚，更不能用冷水淋浴，否则手脚会酸痛；不能用力刷牙，不能吃酸的，否则牙齿会松动；不能吃肉嵌油豆腐，据说吃后肚皮不能恢复到以前那样，等等。在月子里，外人不能随便走进产妇家，为此，凡是有"舍姆娘"的人家，都会在大门旁边挂一只米筛（所挂位置按婴儿的性别来定，男挂左，女挂右），筛子当中贴一张烧饼大的红纸，作为标记。据传，筛子的众多洞眼好比"照妖镜"，再加上红色，可以驱鬼避邪。这种习俗看似迷信，其实对预防产妇和婴儿遭受外来病菌的侵袭是很有帮助的。

婴儿出生第一天，家中要祭拜祖先，希望祖先保佑婴儿平平安安，健健康康。产妇需给婴儿喂一次奶，喂之前要用温水清洗乳头，还要象征性地往乳头上抹一点苦黄连，石门地区则抹西黄，为的是让小孩尝一尝人生的第一次"苦"。这既有消毒的作用，也有"吃得苦中苦，方为人上人"的寓意。

三天之后，要给婴儿洗澡，俗称"做三朝"，用意是洗去婴儿从前世带来的污垢，使其今生平安顺利，还有一个目的就是洁身防病。洗澡时，浴盆里要放些长生果、桂圆之类的东西，寓意长命富贵。有大人还会边洗边吟唱："先洗前，中状元；再洗后，做知州……"讨个好口彩。乌镇一带的乡村，"做三朝"时要给孩子命名，名字用红纸书写，贴在家堂土地神龛旁，纸上还要写"命名大吉"，四个角上写"长命富贵"，还要做"三朝圆子"分送亲戚和邻居。

婴儿出生一个月后，要剃满月头，还要宴请亲朋好友，俗称"办满月酒"。桐乡习俗，剃满月头一般在婴儿满月前两天举行。家人请剃头师傅到家里，婴儿的头发不可全剃光，而要在头顶留一个桃子形状，俗称"寿桃头"，以起到保护婴儿囟门的作用。婴儿的头发称胎毛，对于剃下的胎毛，有人家搓成圆形，大小如桂圆，叫"头发圆子"，在其中穿一根红头绳，下面留有流苏，挂在床帐上。农村人家还会在胎毛里再加些猫狗的毛，用红绵兜包好，再用红丝线捆好，挂在婴儿的床上，其用意是让孩子像猫狗那样容易被养大，据说还能用这些毛止住小孩的鼻血。如今，乌镇东栅景区专做毛笔的店家，会用婴儿的胎发做"胎毛笔"，这便更具创意了。

新生儿满月那天，为表答谢及庆贺，主家会宴请亲朋好友，于是就有了办"满月酒"的习俗。来吃满月酒的亲友要给婴儿送一些礼品，比如手镯、脚镯、百锁等，都是银质的，关系较近的则送金质手链、锁片、元宝、婴儿的生肖牌等，锁片的一面往往铸有"长命富贵""三元及第"等吉祥语，另一面则铸有阴阳八卦以及围成一圈的十二生肖图案。婴儿的外婆家除了送上述东西外，还要送酒菜，如猪腿肉、鲫鱼（寓意小孩吃了会记性好）、糕点、水果、鞭炮百响、蜡烛等。

在石门、洲泉等地的乡村，还流传着孩童佩戴历本袋的习俗。历本袋是用绸或布做成的香袋（香囊），里面放剪碎的日历本以及研成细末的细辛、白芷、丁香等中草药，其散发出的香味能驱虫防蚊。香袋上绣着民间五毒（蝎子、蛇、壁虎、蜈蚣、蟾蜍）、花开富贵等图案，寓意平安与吉祥。历本袋一般由婴儿的外婆送。小孩儿戴上历本袋，由大人抱着拜太均娘娘（也称太君娘娘，是保佑婴儿的神），拜过以后方可吃满月酒。这一天，主家还要给亲戚以及邻居分送红蛋（染红的鸡蛋）、糕点、寿桃，一般为双数，讨个"富贵成双"的吉利。

孩子满月以后，方可去亲戚家走动。第一次去外婆家，婴儿头上要盖一块新的尿布，帽沿别着针，婴儿的外公外婆走出门，用一个里面放着状元糕的师姑筶（竹匾）迎接婴儿，然后捧着师姑筶进门，径去灶边，把装有婴儿的师姑筶放在灶头上，意思是婴儿要做筶面上的人（即场面上的人）。

婴儿时常夜惊，旧俗有夜啼郎招贴，即用毛笔在红纸上写"天皇皇，地皇皇，我家有个夜哭郎，过路行人念一遍，一觉困（睡）到大天亮"，然后张贴于桥旁、厕墙等，据说是偏方，可以祈求孩子平安，可治婴儿夜啼的毛病。贴符止啼，不仅满足了父母照顾孩子的心理需求，也是一项古老的医疗仪式。

孩子出生满一年称"周岁"，按桐乡风俗，此时举行的仪式也是拜太均娘娘，称为"做周岁"。主家会邀请亲友前来庆贺，亲友按例赠送一些小孩穿的衣裳等。外婆家除了送衣裳外，还有周岁鞋、周岁帽，以及糕和米粉做的寿桃等物。"做周岁"时有一个特别的节目叫"抓周"，即在茶盘或小竹匾中放上笔、书、秤、算盘、榔头、茧子或稻穗等物，让孩子用手抓，一般认为孩子抓到了什么，将来长大了就会干什么行当。"抓周"习俗由来已久，北齐颜之推《颜氏家训·风操》载："江南风俗，儿生一期，为制新衣，盥浴装饰，男则用弓矢纸笔，女则刀尺针缕，并加饮食之物，及珍宝服玩，置之儿前，观其发意所取，以验贪廉愚智，名之为试儿。"作家钱锺书"抓周"时抓了一本书，他的父亲就给他取名为"锺书"；漫画大师丰子恺周岁时，据说丰家也为其举行了一个"抓周"仪式，在一个盘子里盛了官帽、金银首饰、算盘、毛笔等，丰子恺只抓了一支毛笔。这对视中举为人生理想的父亲丰鐄而言是件多么高兴的事啊！

石门一带，小孩周岁时还有走七爿桥的习俗。即在做周岁这天，拜过太均娘娘，抓过周以后，小孩子由娘舅或家人抱着到周边地区不重复地走过七爿桥再回家。这是讨一个七桥（窍）连（灵）通的好彩头。据说走过七桥之后，小孩将来会聪明灵巧。据丰子恺的亲戚回忆，丰子恺在做周岁时，其母就让他家染坊店里的店员郑官抱着小丰子恺在石门镇上不重复地走过了七爿桥。

小孩长至十六岁，乌镇、炉头一带流行"吃罗汉酒"的习俗。这是一种成年仪式。当地民间男女做寿，是从虚岁十六（周岁十五）开始，称"满罗汉"。是日，主家摆设酒宴，亲友前来祝贺。外婆要送雪糕、寿桃、寿面、寿烛和鞭炮等，并送两套新衣和一顶新帽、一双新鞋。做寿人家要做"罗汉圆子"分送亲朋邻里。办过"罗汉酒"，孩子就算正式成人了。

随着时代的发展，一些迷信的、不科学的生育习俗早已废止，还有一些习俗在不断变化，如今孕妇在医院、保健所生育，以保婴儿健康，产妇平安。催生、满月、抓周等习俗仍在民间流行，但其内容和形式也在与时俱进。

京杭大运河桐乡段北连嘉兴，南接杭州，得舟楫之利、水运之便，桐乡一带集市兴起，商贸发达，人们也形成了吃苦耐劳、勤俭敬业、以义取利、诚实守信的精神，进而衍生出桐乡独特的商贸文化及工匠文化。

一、商贸文化

旧时的商业主要有坐商（固定商店）和行商（流动商贩），都信仰崇拜财神爷，有些坐商的店堂内还专设财神堂。财神像有泥塑、木雕、彩瓷、白瓷等多种，平日供以清香、净茶，初一、月半置素食，端午供粽子，中秋供月饼。

坐商

凡有固定摊位和店铺，并有规定的营业时间和专营商品的，均称"坐商"。坐商有一定经济实力，服务对象主要是市民及农民。坐商的民俗传承主要表现在幌子、字号牌匾、店堂标牌、广告及商品包装形式等方面。

桐乡各镇的坐商主要有茶食店、饭店、酒肆、茶馆、酱园、杂粮米店、鲜肉店、鲜鱼店、南货店、百货（杂货）店、绸缎庄、布庄、理发店、估衣铺等，还有少量特种行业，如猪羊行、中药铺、典当铺、银楼、照相馆、裱画店、印刷店等。

坐商的经营方式是积货待需，坐等顾客上门，因此卖家要主动热情，正所谓"和气生财""老少无欺"。民国时，桐乡各镇的百货店等俗称"街庄"和"乡庄"，因为顾客除了镇上居民外，还有来自四周乡村的农民。茅盾的《林家铺子》就是写一爿"广货店"（即小百货店）的倒闭过程。每日早晨，四乡农民或徒步或摇船来到镇上，出售粮食或农副产品后，先上茶馆泡壶茶歇一歇，然后去购买所需的日用品、副食品等。还有些农民不来镇上，而是委托每日进镇的船主购买，这些船主被称为"航船婆"。每家店铺都有自己的老主顾"航船婆"，他们往往买上一大篮子，抵得上好几位散客，是乡庄生意中的大宗。

凡进店铺做学徒的人，先要找担保人，或有人引荐。学徒期间店家只供膳宿，不给工钱，每月发两角小洋，供理发洗澡之用，年终发三块银圆，名曰"鞋袜钿"。三年满师之后，才正式发工资，从每月一元开始，逐年增加。学徒进门先从杂活做起，如打扫卫生、揩洋灯（煤油灯）、擦水烟壶、倒尿壶等。在小店小坊里当学徒还得给东家带小孩、洗衣服。钱庄、银楼、典当行中的学徒进店后要练写字、珠算等。中药铺的学徒还须读医药方面的书。百货店的学徒在店铺打烊后，需要学习包扎，并由大师兄教珠算，从加减乘除到"飞归""斤求两"，必须滚瓜烂熟，确保万无一失。除了拨算盘，还要学心算（口算），货物上手，称过分量，就要报出总价，必须做到口随心到，分毫不差。包扎技术也不简单，三个铜板一包的"长生果"（花生），店员随手一抓，用不太厚的纸包成三角包，不用绳扎，往柜台上一掷，不会散包，顾客付钱拿了就走，干净利落。至于半斤或一斤以上的商品，都得用盘秤称准，然后用糙纸包扎成有棱角的长方块，上面加一张红纸店招，再用麻线捆扎，如胡桃、荔枝、桂圆等物得用两三张粗糙的纸包扎，而且大小高低都有标准。这是百货店员的基本功。

一些行庄店坊（既有店面又有作坊），如糟坊、绵绸庄、染坊等，即使家业再大，子孙要想继承，也得先从学徒做起，而且要到别处或外地的同行中拜师当学徒，满师后才可以回到自家店坊中接班。这样才能让店坊延续数代，成为百年老店（老坊）。

大多商铺在新年里正常营业。正月初五为"财神生日"，项映薇《古禾杂识》载："初四日午后接灶，至夜则接路头，大家小户门前各悬灯二盏，中堂陈设水果、粉团、鱼肉等物，并有路头饭、路头汤，鄙俚之至。""路头"即民间所说的"五路财神"。商家于年初四午夜至初五凌晨敞开店门，灯烛辉煌，设坛以接"财神"，并去财神堂"换元宝"。茅盾的小说《林家铺子》中就写道："初四那天晚上，林先生勉强筹借了三块钱，办一席酒请铺子里的相好吃照例的五路酒，商量明天开市的办法。"迎请五路财神的仪式很隆重，一般商家摆两张供桌，考究的则设三张八仙桌，外加一个半桌，俗称"三桌半"。桌上的供品也很讲究，均有丰富的寓意。头桌果品，供广橘、福橘、甘蔗、荸荠，喻示"财路广阔，生活甜蜜"。第二桌糕点，供年糕、方糕，上插冬青、柏枝，暗喻"高升、常青"。第三桌正席，中设猪头，下压两只猪爪，俗称"跨脚猪头"，代表全猪；两边有全鸡全鱼，鸡需雄鸡，鱼需鲤鱼，象征"店业兴旺，年年有余"，另有酱蹄、小爪、猪肠、鸡血等，小爪称元宝汤，寓意"招财进宝"，"肠"谐音"常"，"血"谐音"蓄"（猪肠和鸡血寓意"常年蓄财"）。最后的半桌分别供奉五碗米饭和面条，另盛一碗上面高起的"路头饭"，饭上栽一根掐头大葱，葱管内插一株"千年红"，寓意

"兴冲（葱）冲，年年红"。三桌半摆设完毕，店主一家及店中伙计依次向供桌后面竖着的五路财神（马幛）顶礼膜拜，拜后将财神马幛捧到门外焚化，仪式才算结束。

商家一年中将端午、中秋、岁终视作大节，尤以岁终为重。但这些节日对于店内伙计来说未必是好事。店家因行情不好或投资失败，平时不能随便裁员，过节时则可以决定伙计的去留。2001年版《乌镇志》第四编《社会·风尚习俗》载："中秋与除夕、端午一样，商店例行揭账单催收欠债，当晚宴待伙友，并定去留。"

除夕夜还有收账的习俗，各店铺的老板（或派人）手提灯笼，拿着欠账的商户本，一家家去收账，自己的商号也有人来要账，因此，大年三十晚上，各商店（铺、号）都很晚打烊。大街小巷中，收账的人手提灯笼东来西去，着实很忙。丰子恺在《过年》一文中说："到了十二月十五，过年的气氛开始浓重起来了。我们染坊店里三个染匠全是绍兴人，十二月十六要回乡。十五日，店里办一桌酒，替他们送行。这是提早办的年酒。商店旧例，年酒席上的一只全鸡，摆法大有讲究：鸡头向着谁，谁要被免职。所以上菜的时候，要特别当心。……年底这一天，是准备通夜不眠的。……街上提着灯笼讨债的，络绎不绝，直到天色将晓。……提灯笼，表示还是大年夜，可以讨债；如果不提灯笼，那就是新年，欠债的可以打你几记耳光，要你保他三年顺境，因为大年初一讨债是禁忌的。"

商贸中也有很多忌讳：店员在店堂忌伸懒腰、打呵欠，忌踏坐门槛，忌手托门枋，忌背脊朝外，这样会被认为挡住财神进门，生意要逃走。扫店堂时要往里扫，忌往外扫；数钱币时要往里数，忌往外数，谓之"招财进宝"。在称呼上也要讨彩头，猪头称"利市头"，舌（与"蚀"谐音）头称"门枪"；顾客购买结婚用品，失手打碎东西时，忌说"碎"字，而要说"先开花，后结籽"。卖布，忌蔽量具。卖酒，忌摇晃酒瓶。药铺的习俗是，年初进货时先购进胖大海、大连子，意为大发大利；学徒进店，先拣万金枝、金银花，均取黄金、银子之意。

旧时，商界还有惯用的数量暗语，一曰"元"，二曰"双"，三曰"川"，四曰"方"，五曰"财"，六曰"龙"，七曰"巧"，八曰"眉"，九曰"弯"，十曰"全"，并前置"老"，如"老元""老方"等。还有惯用的字码，如一写为一竖，二写为二竖，三写为三竖，四写为"×"等。外人即使看了也不清楚到底写的是什么。尤其是典当行，当票上的字比草书还草，把"衫"字写成"彡"，"袄"字写成"夭"，"棉"字写成"帛"，"皮袍"写成"皮夭"，"紫檀木"写成"紫木"，玉器写成"假石"等。写当物的名称、质量、数量、典当金额等时，也用行业内的特殊文字，只有当铺内部的人才能辨认，外行的人很难辨识。

行商

行商流行"走街叫卖"，有端盘的、顶匾的、提桶的、拎篮的和挑担的，穿梭于街头巷尾。他们一般是子承父业，不收徒。一些流动小贩为了推销自己的商品，往往根据所销商品的名称、产地、口感、价格等，即兴创编一些通俗的唱词进行叫卖。他们扯起嗓子，随编随唱，边唱边卖。以前崇福、石门镇上的小贩在促销白果时的唱词是："生炒热白果，香又香来糯又糯，一个铜板买三颗，三个铜板买十颗！"促销鲜菱的唱词是："哎——，嘉兴南湖菱，新市环桥菱，洲泉鲜红菱，粉嫩水灵。十个铜板买一堆，买一堆来送一堆！"最多的是直呼商品名："鲜肉粽子、白水粽子吃伐！""百热沸烫的酱鸡豆腐干！""丝粉面筋、甜酒酿！"

剃头匠会挑着担子下乡，担子的一头是烧热水的炉子和小锅，另一头是铜盆、凳子以及毛巾、擦刀的长方形帆布、肥皂、碱块和刀剪梳子之类，所以有句俗语叫"剃头担子一头热"。剃头匠在行走时还会使用一种专用的器具用来"吆喝"，名叫"唤头"。它由两片铁叉组成，上尖下合，约一尺二寸长，另有一根五寸长的大钉子从两片铁叉的缝隙中间向上挑，发出"嗡嗡"的响声，传得极远。二十世纪七十年代后，剃头担很少见了，剃头匠用包袱皮把剃头工具包好往腋下一夹，走到一个村里，定好一户人家，洗头用的热水以及盆子都由这家提供，这家人得到的好处是免费剃头或费用减半。丰子恺随笔《野外理发处》这样描写道："人在被剃头的时候，暂时失却了人生的自由，而做了被人玩弄的傀儡。"丰子恺还有两幅漫画《野外理发处》和《挖耳朵》，从中可以看出剃头匠在工作时相当认真。虽然只有寥寥数笔，人物形象却呼之欲出。

中华人民共和国成立后，商民的信仰、禁忌等多已改变或废弃。

二、工匠文化

手工业生产是一种比较原始的劳动方式，其技艺主要靠以师带徒的方式进行传承。伴随这种传承方式和师徒关系，就形成了工匠文化。

手艺人为求平安体健，生财有道，普遍崇拜祖师爷，遇到事情均会祈求祖师爷保佑。所谓祖师爷，大多是本行业被神化的能工巧匠，比如鲁班是木匠、泥瓦匠、石匠的祖师爷，杜康是酒匠的祖师爷，李耳（即太上老君）是铁匠的祖师爷，张飞是屠匠（杀猪屠）的祖师爷，等等。

桐乡的民间传统手工业中，影响比较大的有泥瓦业、铁业、木业、竹业、石业等。

鞋匠师傅 / 徐建荣摄

泥瓦匠

泥瓦匠俗称泥师（司），其工艺技术主要包括砌筑和粉刷两个方面。砌筑是指将泥土和瓦片等材料按照一定的比例和顺序进行砌筑，形成坚固、美观的建筑结构。粉刷则是在建筑表面涂抹一层石灰和河沙的混合物，以保护建筑墙面，同时也能起到装饰的作用。

泥瓦匠的操作看似简单，实则不然。在施工过程中，他们需要掌握一系列的工艺技巧，如砌筑墙体时需要注意墙体的垂直度和水平度，粉刷墙面时需要控制厚度和均匀度等。

清乾隆年间，石门千乘乡有一个泥瓦匠叫杨圣山（1755—1856），《（光绪）石门县志》卷八《人物志·耆寿列传》载："杨圣山，咸丰五年，丁令昌毂详给顶带，一百二岁卒。"杨圣山历乾隆、嘉庆、道光、咸丰四朝，百岁高寿，官府赐官衔，赐匾额。卒后葬于村内网鱼浜边。后将其故里改名为杨泥司自然村（今石门镇安全村杨泥司组）。泥师（司）留名者，在桐乡仅此一例。

铁匠

旧时，桐乡各集镇上的铁器店不下数百家。有前店后坊式；也有纯作坊，专为顾客定制或加工器具，这种作坊往往设在城郊接合处。打铁是苦活累活，俗话说："天下三大苦，打铁撑船磨豆腐。"很多铁匠是子承父业，以家庭作坊的形式，自产自销，规模都不大，一般三五人——坊主、帮工外加徒弟。

打铁铺以生产农耕器具为主，如锄头、铁耙、桑刀、桑剪等，店铺（或作坊）内供有太上老君的神像马幛。过年时店家有祭祀祖师的习俗。正月初四晚上，店主燃香烛，备以鱼、肉、糕、果等供品，祭拜祖师太上老君。初五开店（坊）门，但这一天并不正式开工，而是用炉子将一根五六寸长的铁管烧红，将铁管中间戗扁，两头折翘，

打铁师傅 / 徐建荣摄

成一只铁"元宝"的形状。然后将元宝钉在打铁用的铁砧下面的木柱上，讨个"招财进宝"的吉利。打完"元宝"即休息，正式开工要到初六这一天。

打铁技艺主要靠师徒传承。徒弟学艺期间管吃管住，但没有工钱。三年学完，第四年随师傅做工，给一半工钱。俗话说"师傅领进门，提高在个人"。拜师学习三年，其实只能学到一些基本技艺，能制作几件粗简铁器，如锄头、铁耙等，而像桑刀、桑剪等精细器具，则全靠自己钻研。桐乡特产桑剪的锻制技艺，没有五年十年是很难学成的。

明嘉靖年间，湖州菱湖镇竹墩村的铁匠沈济迁居桐乡柞溪（炉头镇），于镇西端辟地十亩，开设冶坊，设炉七座，大炉专铸铁釜，小炉铸钟鼎等物。至清末，沈氏一支迁乌镇，开设"沈亦昌冶坊"，浇铸的生铁镬子远销杭嘉湖地区。浇镬子这活非常辛苦，整天跟煤炭、铁水打交道，技术要求也比较高，本地人一般不大愿意学，干这一行的几乎都是无锡人。

冶坊还有请"锅神"的习俗。相传"锅神"为女性，其父为铸锅工匠，女孩为助父亲铸锅成功，纵身跳入铁炉，最终铸成一口大锅。人们为纪念她，遂将其奉为"锅神"。仪式举行的时间在春节后，冶坊开炉之前。冶坊主在冶炉旁摆一张半桌，供上熟猪头一个，全鸡、全鱼各一碗，甘蔗、荸荠等果品数盆，再点香燃烛。坊主、工匠依次对着冶炉虔诚祭拜，拜后将猪头及水果等供品分而食之，请锅神的仪式即告结束。

木匠

木匠的操作技艺最繁杂，分工也最细，有大木、圆木、椿木、方木、细木、花木之分。大木承揽建房、修房，举屋匠（对年久倾斜的老房进行纠偏）也属大木；圆木制作各类木桶，如箍桶、提水桶、洗脚桶、马桶等；椿木制作木制农具，如水车、稻桶之类；方木制作家具，兼及棺材；细木（也称小木）专做家具，如床榻、几桌、椅凳和木箱等；花木，也称雕花作，是为大木和细木服务的。

桐乡各镇开设的木作店铺，虽然分工不同，但信奉的祖师都是鲁班，过年过节或开工时都有祭祀鲁班的习俗。在乌镇上智潭西还有专门的鲁班殿（庙），并成立了泥木业公所。民国二十五年（1936）重修《乌青镇志》卷九《廨宇》载："在普静寺东南、乌将军庙西南，为泥木两作公建，中供鲁班像，亦称鲁班殿。"

木匠业除特殊情况外，一般都要到年三十才停工，初四晚上请祖师和财神，初五正式开店门。

旧时木匠拜师学艺需经人介绍，征得师傅同意后，先请风水先生选定黄道吉日，由介绍人陪同并作为保人，一同去师傅家。学徒挑着担子，担子一头是带脚猪腿，另一头是礼篮（篮子里装状元红酒、桂圆、糕点、红烛等）。学徒跪在红地毯上给师父行跪拜礼，并订立师徒契约。契约内容为：学徒期限三年，师傅管技术管生活，学徒按照师傅的要求学好技术，注意安全，如遇出行安全等意外事故须自己负责，不得追究师傅的责任等。学徒期满，师傅会送上一套木匠工具；徒弟则出资办满师酒，以答谢师傅三年来的培养之恩，此后方可自立门户。

旧时，造房子是一件非常大的事情，需请阴阳先生看风水定宅基，并择定奠基、上梁、进宅的日期。房屋建造过程中，上梁是最重要的环节，房主与木匠都很重视，楣上会贴写有"紫微拱照"的红纸横幅，立柱贴红纸对联，上书"竖柱巧逢黄道日，上梁恰遇紫微星"。梁入榫时，木匠用斧头敲三下，然后放爆竹庆贺。房主将方糕、铜钿、糖果交给工匠，工匠将它们从梁上抛下，俗称"抛梁"，

箍桶师傅 / 徐建荣摄

乡邻争相夺取，以为食之大吉。有的木作师傅还会爬上梁柱高喊："上啊！大吉大利！"并唱《上梁歌》。下面众人应和："脚踏云梯呀步步高，站在梯上么掼元宝。抢得着来哈哈笑，抢勿着来夯懊恼。"

木匠中比较冷门的是修船匠（也称捻匠）及牮屋匠。桐乡是水乡，人家尽枕水，往来多舟楫，因而诞生了以造船、修船为主要营生的行业——船寮，专门负责打造、修理、出售、租赁木船。乌镇南栅船寮里，为嘉兴、湖州一带大船寮之一。另外，桐乡民居大多是晚清、民国时期的两层木结构老房子，因年久导致屋架倾斜，需要修缮，于是就有了牮屋的匠人。他们使用几件由木头、石头和麻绳组成的工具对房屋进行纠偏。乌镇旅游开发后，景区里仍生活着几位捻匠及牮屋匠。

竹匠

竹匠和铁匠、木匠一样，过年或收徒时均要拜请祖师，竹匠的祖师相传为鲁班的徒弟泰山。但居于乌镇南栅外蒋堡里村的竹匠在过年时不请祖师，而是请土地神。旧时蒋堡里村有座土地庙，名为蒋塔庙，庙中供奉土地神蒋士良。每年农历二月初二土地神生日之时，村里的竹匠均要准备三牲果点，到庙中祭祀，祈求土地神保佑竹器生意兴旺发达。祭祀仪式完成后，还要请戏班演戏，娱神娱人。演戏的钱由村中各家竹匠按竹刀数分摊，有一把竹刀出一份钱，有两把竹刀出两份钱。不出钱的人家，今后只可制作小竹器。此俗一直延续到新中国成立前。

乌镇陈庄村是竹器生产贸易的中心。明《（正德）桐乡县志》载："陈庄市，庙祀陈平为土地神，社火兴旺。湖州诸山货、竹者，皆集于此。居民以竹器为生，如筛簸远销京师。"明末清初张履祥（即杨园先生）在《补农书》中记载了竹业副产品竹节的商贸情况：

竹匠师傅 / 徐建荣摄

竹匠师傅 / 徐建荣摄

"吾里冬天用炭屑，实是省便，竹节更省。""竹节，陈庄买，其值视柴价为升降，风炉火箱俱可用，费亦最省。"至乾隆年间，陈庄"居民以竹器为业。四方贸鬻甚远。苕雪诸山货、竹者，皆集于此"（民国二十五年重修《乌青镇志》卷十四《乡村》）。陈沄《冶塘棹歌》云："朱村北去接陈庄，春至红闺事渐忙。多买江干黄竹子，趁闲预织女儿箱。"

《光绪桐乡县志》卷七《食货志·物产》载："竹器，产陈庄。湖州上柏山中货竹集于此。故居民就制竹器，出售一切家具，皆以竹为之，而蚕具所用篷匾筐箄销路尤广。近多移于青镇南栅。"可见清末陈庄竹器品种十分丰富，包括农业生产工具、蚕桑用具和日常生活用具等。太平天国运动后，陈庄竹器业商贸市场移向乌镇中心地区。民国时，乌镇已形成十一个产销竹器的专业村，如陈庄村的扁担、竹筷，北庄村的蚕筹、蚕匾、簸箕，邱港村、许家浜村的米筛、豁洗帚，钱家庄村、掘金斗村的廪条，木鸭桥村、谢家桥村的提篮等。而且有同业公会定下的行规，并定期举行祭祀活动。

抗战爆发后，同业公会解散，庙会、祭祀等活动全部停止。抗战胜利后的1946年春节，陈庄村恢复了陈平祠庙会活动，不久又恢复了竹业祭祀活动。陈庄村人善于制作竹器，尤其是淘箩——篾丝匀称，编织紧密，样式美观，经久耐用。特别是淘箩的口扎得非常考究，往往淘箩的底已经用坍了，淘箩的口还完好无损。如今，竹编工艺在乌镇代有传承。

石匠

石匠分为粗石匠和细石匠，粗石匠主要是开采石料，细石匠则是用雕、刻、磨等手段将石料加工成各种日常用品和工艺品。石匠的工具有大锤、钢钎、手锤、楔子、錾子，全用精钢制成。石匠的工作范围非常广，如制作牌楼、石桥、石磨、石狮子等，还有农村最常用的猪食槽、门坎石、条石、墓碑等。石匠的工作十分辛苦，遇上大工程，少则花费数月，多则一两年时间，桐乡本地人一般不愿学。桐乡各镇的石匠均为"上八府"人，他们拖家带口来到桐乡，结伙成帮定居于此，吃苦耐劳，以家族传承为主，"垄断"着这个行业，作为生存的依凭。

有句谚语说："长木匠，短铁匠，不长不短是石匠。"体现的是手工业者在长期生产实践中对于选料、用料等的经验总结。长木匠，是说木工用的材料比较大、比较长，做出的成品也是又高又大，如房子、家具等；短铁匠，是说铁匠用的材料比较短小，制作出来的产品也比较小巧，如锄头、剪刀、铁锤等；不长不短是石匠，是说石匠用来雕刻雕琢的材料比木匠的小而比铁匠的大，制作出来的产品也是有大有小。总体而言，无论是泥瓦匠、铁匠、木匠，还是竹匠、石匠，都对工匠的综合技术要求较高，其中蕴含着代代相传的工匠精神。

匠心传承

在江南运河文化的滋养下，一代又一代桐乡商人用敏锐的思维、勤劳的双手和诚信的精神传承匠心，成就了一家又一家"老字号"，为桐乡的发展增色添彩。

一、三珍斋与凤珍斋

乌镇三珍斋酱鸡历史悠久，远近闻名。

民国二十五年（1936）重修《乌青镇志》卷二十《土产》载："五香酱鸡，《乌程县志》云：乌镇著名，骨亦有味。桐乡严《志》云：酱鸡名许鸡，出青镇，以其姓得名也。今著名者为三珍斋，许姓已无。"

清中期，乌镇有一位名厨姓许，他用独特的配料和工艺烧制卤味，尤以酱鸡、熏肉和套肠最受欢迎，有"乌镇三珍"之誉。早年其小店无号，只以"许官酱鸡店"为名。常年烧制的卤汁，因其味浓而珍贵，内行人称为"老膏"。这家店的酱鸡色泽红亮，皮酥肉嫩，更有夏天不易馊、冬天不易冻的特点，是四季皆可送人的好礼品。

咸丰十年（1860），太平军与清军在乌镇争战，许官酱鸡店尽毁。进士陆以湉的《乌镇纪难诗》中载："天道由来重好生，忍戕物命恣煎烹。何人到此回头早，放下屠刀佛亦成。（原注：卖鱼桥边许氏酱鸡、熏肉名闻四方，杀生日以百计。寇至，家毁人死。）"

战乱平定后，有许氏徒弟王阿五在中市观后街开设五香酱鸡店，店号三珍斋。从此，三珍斋出了名。不久，许氏另一李姓徒弟在三珍斋北首上岸也开设了一爿卤味店，取名凤珍斋。

民国初，三珍斋渐成规模，加工的酱鸡、酱鸭、叫花鸡、烧鸡、八宝鸭、腊鸭、盐水鸡、盐水鸭、醉鸡等十多个品种常年应市销售。其产品或色泽红亮，或色如玉白，卤汁馨香，风味独特，闻名遐迩。

二十世纪三十年代，三珍斋进入鼎盛时期，店主王昌贵（王阿五之子）在乌镇旅沪人士徐棠（号冠南）、卢学溥（号鉴泉）、严独鹤等人的支持下，在上海大陆商场（今汉口路上）特设三珍斋专柜。依靠便利的水路交通，每天傍晚，客轮将当天生产的酱卤禽制品运往上海，第二天一早便出现在市场，备受青睐，影响颇大。当年寓居上海的茅盾等人时常购买，将其作为自己家乡的土特产馈赠亲朋好友。

抗战全面爆发后，乌镇沦陷，轮船停运，市井萧条，王昌贵只好关闭了上海经销处。抗战胜利后，囿于时局动荡不安，上海经销处未能恢复。

凤珍斋开设在三珍斋旁，起初生意一般。1931年，李云峰从震泽陆稿荐酱鸡店学满出师，回到乌镇凤珍斋发展。他以陆稿荐的技艺为基础，在产品种类上下功夫，除传统的鸡、鸭、鱼、肉外，还采用鸟类、野味等制作，生意兴隆时，日售麻雀数千只。

二十世纪五十年代，三珍斋、凤珍斋等并入乌镇食品合作商店。八十年代初，乌镇食品公司恢复了三珍斋、凤珍斋的店号。1992年，乌镇第一家中外合资企业"嘉兴三珍斋食品有限公司"正式挂牌。2007年，三珍斋被商务部认定为"中华老字号"。2009年，三珍斋卤制技艺被列入第三批嘉兴市非物质文化遗产代表性项目名录。2017

年，凤珍斋被评定为第二批"嘉兴老字号"。

二、沈亦昌

桐乡的冶坊始于明代，当时有沈济（字绣川）自湖州菱湖镇竹墩村迁至桐乡县柞溪镇（后名炉头镇，今属乌镇），于镇西端辟地十亩，设工场，开炉冶铸锅镬，行销远近。清代陈沄《冶塘棹歌》云："家住炉溪曲水前，铸金成釜旧相传。沿塘时有商船泊，夜半惊看火烛天。"两岸炉火通红，昼夜不息，炉头一名即缘于此。

嘉靖年间，倭寇来犯，沈济五世孙沈铧（字东溪）以家传绝技献于官府，协同坚守桐乡城。倭寇平定后，浙江巡抚阮鹗手书"退寇全城"四字，制匾悬于其庐。沈铧的子孙继承冶业，开设冶坊。

同治五年（1866），沈氏后裔沈宝樾与侄子沈善兼在青镇（今乌镇）开设沈亦昌冶坊，从事冶铁工作，浇铸铁锅、炉、鼎、钟、大小器皿等，名噪江浙。后沈宝樾之子沈善保（字和甫）主掌冶坊，经过苦心经营，沈亦昌冶坊发展壮大，雇有职工百余人，设冶炉三座，所产铁锅畅销省内外，获利丰厚，有"冶坊天一亮，元宝赚一双"之称。

沈亦昌冶坊每年自元宵节开铸，至立夏停工修整；下半年从中秋开铸，年终停工。工作时间为每三昼夜休息一日，三昼夜每炉约出大小锅釜五百只。冶坊选用优质生铁为原料，以传统冶炼浇铸工艺制作。生产的手工铁锅，锅层薄，分量轻，铁膛光滑，经久耐用。

沈亦昌全盛时期，不仅拥有先进的炉冶技术，而且自备运输大船，将产品运往外地代销。经销商店里有冶坊派来的人，负责及时反馈商情。

抗战全面爆发后，受战火影响，沈亦昌冶坊被迫停业，至1946年复业。1956年公私合营，沈亦昌冶坊更名为沈亦昌锅厂。1958年后改

乌镇西栅景区中天下第一锅 / 章建明摄

亦昌冶坊 / 张雄伟摄

称"地方国营乌镇锅厂"。

2003年，乌镇旅游股份有限公司在西栅通安街28—50号重建"亦昌冶坊"，还原了当时传统的前店后坊式格局，平时除了进行演示性冶铁外，还制作各种镬子、锅子以及铁质装饰品。2013年，沈亦昌被评为第四批"浙江老字号"。2015年，乌镇镬子浇铸技艺被列入第五批嘉兴市非物质文化遗产代表性项目名录。

三、乌镇姑嫂饼

姑嫂饼是乌镇的传统名点，距今已有一百多年的历史。

姑嫂饼的形状酷似棋子饼，所用配料跟酥糖相仿，有面粉、白糖、芝麻、猪油等，但味道比酥糖可口，有"油而不腻，酥而不散，既香又糯，甜中带咸"的特点。

"姑嫂一条心，巧做小酥饼，白糖加椒盐，又糯又香甜。"这是赞美乌镇姑嫂饼的一首民谣。据载，姑嫂饼最初由一爿名叫"方天顺"的夫妻茶食店制作。当时，因本钱微薄，夫妻二人开不起作坊，他们制作的酥糖虽然可口，却无力在中秋后大量生产以待年关销售，而只能现做现卖。后来夫妻二人干脆简化包装，降低售价，只在酥糖下面衬张箬叶，论块卖给顾客。后来，妻子生下一男一女，眼看小本经营难以养家糊口，于是在"巧"字上下功夫，推陈出新，仿照酥糖，细料精制。他们将炒熟的面粉、熬过的白糖、去壳的芝麻、煎熟的猪油拌匀，放在木甑子里蒸熟，然后用模箱压制成一个个小酥饼。这种小酥饼一上市就深受顾客喜爱，生意逐渐兴隆。为了保住独家经营的生财之道，在儿子成家后，店主考虑到女儿总是要出嫁的，儿媳妇则会常留家中，所以将制饼秘方传给了儿媳。女儿顿生妒意。一天，她见阿嫂正在配料，有意将其支开，偷偷溜进作坊，在原料里撒了一把盐，拌了拌，狠狠地说："看你还能配得出好料！"谁知歪打正着，坏事竟变成了好事。这回制作出来的小酥饼，既香又甜，甜中还带点椒盐味，十分可口，很受顾客欢迎。后来店主查明真相，一改初衷，决定让女儿也参与配料制作，并借题发挥，将小酥饼改称"姑嫂饼"，意思是姑嫂二人合力创制而成。从此，乌镇姑嫂饼就出了名。方天顺的规模越来越大，制作的姑嫂饼有玫瑰（白芝麻）和椒盐两种，乌镇四栅都有他们的分店。

民国二十五年（1936）重修《乌青镇志》卷二十《土产》中记述道："姑嫂饼，用极细麦粉和糖及芝麻，印成圆饼。有椒盐者，有白糖者，味甘而润，远近著名。"

后来，乌镇的黄颐昶、吴聚盛、张聚丰等茶食店的师傅们也学会了制作姑嫂饼。但是，由于这种糕饼的配料繁杂，制作费工，且利润微薄，因此茶食店的师傅不愿多生产，只在入秋后糕饼处于淡季时才少量生产，在当地应应时景。

1956年，乌镇十九家茶食店合并组建为乌镇茶食糖果商店，集中设置糕点加工场，当时制作姑嫂饼的师傅有陈来法、沈瑞堂、沈顺年、于根生、顾宝顺、方氏后裔方阿顺等，为新中国成立后姑嫂饼的第一代传人。1958年，糕点加工场独立建制为国营乌镇食品厂，招录学徒工，由师傅们共同培养，人员有陈永林、焦孝龙、杜和尚等，他们是姑嫂饼的第二代传人。陈永林培养的第三代传人张荣奎，1990年任乌镇食品厂厂长，1999年企业转制，成立桐乡市一品斋茶食有限公司，张荣奎为董事长，注册商标为"分水墩"。

此外，泰丰斋旅游工艺品食品有限公司（注册商标"佬泰丰斋"）也制作姑嫂饼、重麻酥糖及各式糕点，颇受人们喜爱。

2010年，分水墩被评为第二批"浙江老字号"。

2011年，佬泰丰斋被评为第三批"浙江老字号"。

姑嫂饼 / 张雄伟摄

2012年，姑嫂饼制作技艺被列入第四批浙江省非物质文化遗产代表性项目名录。

2017年，第五批浙江省非物质文化遗产代表性项目代表性传承人名单公布，张荣奎被评为姑嫂饼制作技艺传承人。

2021年，第六批浙江省非物质文化遗产代表性项目代表性传承人名单公布，泰丰斋掌门人徐立巧被评为姑嫂饼制作技艺传承人。

四、陶叙昌与陶复昌

叙昌酱园始创于清咸丰九年（1859），创立者是陶叙昌。同治初，清军在乌镇围剿太平天国军，叙昌酱园毁于战火，陶叙昌含恨而殁。当时，其子陶顺洲、陶云山还未成年，因家业尽毁，只得去他店当学徒。

同治九年（1870），陶顺洲、陶云山决定继承父业，在陶家故址官弄内复业，不久又在陶家原店址北花桥河东下岸建起两间临街楼房，开设酒酱店，并将商号改为"陶复昌"，产品商标为"双桃牌"，"双"即创办人陶顺洲和陶云山，"桃"谐音"陶"。陶复昌的酒价公道，薄利多销。兄弟俩以诚信、勤俭治店，不过几年便重振往昔辉煌。陶顺洲志向鸿远，一心扑在生意上，让胞弟陶云山先成家，自己直到36岁才结婚。

陶云山生子三人——志诚、清澄和侃如，陶顺洲生子衡夫。他们让这几个孩子先读私塾，然后去他人酱园学习业务。出师后，孩子们陆续返回本店，继守家业，因此四人均为行家里手。

民国八年（1919），陶顺洲去世，享年71岁。此后，陶家四子开始"分治"，即以原有家产市房为基础，每户以二千银圆为流动资金，各展宏图。陶清澄留守老坊老店，为总部；陶志诚和陶侃如去北

乌镇叙昌酱园 / 张雄伟摄

栅开店，即"北复昌"；陶衡夫去西栅买下费公昌酱园开店，即"西复昌"。当时西、北复昌发展迅速，陶复昌总部生产的酒、酱不断供给西、北复昌销售，也有批发户由西、北复昌开票，去总店提货。

西、北复昌还拓展了业务，除经营"官盐"外，又开设米行、油坊和碾米厂。至此，陶复昌的生意集酒、酱、米、油、盐于一体。民国二十五年（1936）重修《乌青镇志》卷二十一《工商》载："酱酒为日用所需，本镇酱业必兼售食盐。……酒业以北栅陶复昌为大。""吾镇米业……四栅均开设牙行。……近年又有洋米进出，西、北栅大行陶复昌等均曾经营，为数颇巨。自经九一八后，米业一落千丈，西栅大行均告停业。今惟北栅陶复昌营业尚巨。"

抗战全面爆发后，日军入侵乌镇，烧杀抢掠，陶复昌损失惨重。1941年，日军再次进犯乌镇，北复昌被日军放火烧毁，所存大米、黄豆、菜油、柏油、酱、酒以及一台德国产的内燃机被劫走。劫难过后，陶氏后裔和衷共济，惨淡经营，勉力维持。陶衡夫之子陶家振中学毕业后，回到自家作坊（西复昌）当学徒，成为陶复昌的唯一继承人。

当时，陶复昌的主要产品有烧酒、黄酒和酱油、酱菜等。酿造工艺为自然发酵、蒸馏和曝晒，不用酒精、香精和色素等原料。其中烧酒有苏烧、糟烧（冰雪烧）二种，黄酒有三白、酿饭（加饭酒）、状元红、竹叶青、香雪、善酿、花雕等十余种，酱油有红原油、白原油、晒油（为上品，又称冰油），酱菜有双元及各色酱菜、酱瓜等。

1956年，国家对私营工商业进行改造，陶复昌、高公生等三十八家酒酱店和官盐店组成"乌镇酒酱酿造厂"，董事长为陶复昌的代表陶家振，经理为沈利昌的代表沈函夏。

2003年，叙昌酱园在乌镇西栅景区通安街16—18号重建，按原貌布置，前店后坊。作坊晒场上摆放着200多只酱缸，酱缸上盖以防水的斗笠，里面覆以防蚊蝇的丝绵网。叙昌酱园有三个主打产品：手工酱、豆瓣酱、酱油。主要特点有：百年配方，天然发酵，传统制作，酱香浓郁，鲜美适口，富含多种天然氨基酸。

2007年，乌镇西栅景区对外开放，恢复后的叙昌酱园既拥有完整的传统手工制酱流程，也有着现代化的灌酱工具。制酱技艺传承者毕锦琪，于2005年进入叙昌酱园工作，其师傅李祥书，新中国成立前曾在陶复昌酱园工作，有着高超的手工酱制作技艺和丰富的经验。

2008年，"陶叙昌"商标注册成功。2010年，叙昌酱园制酱技艺被列入第四批嘉兴市非物质文化遗产代表性项目名录。2013年，"陶叙昌"被评定为第四批"浙江老字号"。

2001年，乌镇"陶复昌糟坊"得到恢复，以传统工艺生产的三白酒，经过大米浸淋、蒸饭、摊凉、下缸、糖化、前期发酵、后期发酵、固液分离、蒸馏、储藏陈酿等多道工序，具有香气浓郁、酒味醇厚、入口柔绵、回味爽净、余香不绝等特点，深受百姓喜爱。

2015年"陶复昌"品牌荣获"浙江省著名品牌"。2017年，"陶复昌"被评定为第二批"嘉兴老字号"。

【链接】

桐乡地区的中华老字号、浙江老字号、嘉兴老字号

级别	注册商标	企业名称	创始时间	主要产品
中华老字号	三珍斋	嘉兴三珍斋食品有限公司	1848年	酱卤禽制品
	丰同裕	桐乡市丰同裕蓝印布艺有限公司	1846年	蓝印花布、手工彩拷等
浙江老字号	蓝茂丰	桐乡蓝印花布厂有限公司	1880年	蓝印花布
	分水墩	桐乡市一品斋茶食有限公司	1760年	姑嫂饼、重麻酥糖等
	佬泰丰斋	桐乡市乌镇泰丰斋旅游工艺品食品有限公司	1736年	姑嫂饼等传统糕点
	益大丝号	乌镇旅游股份有限公司	1875年	丝织品
	陶叙昌	乌镇旅游股份有限公司	1859年	酱
	沈亦昌	乌镇旅游股份有限公司	1866年	铁器
	乌镇	乌镇旅游股份有限公司	1872年	三白酒、米酒等
	奇佳	嘉兴奇佳食品有限公司	1936年	蛋制品、糕点、榨菜等
嘉兴老字号	陶复昌	桐乡市古镇酒业有限公司	1859年	三白酒
	凤珍斋	桐乡市乌镇食品有限公司	1868年	卤制品

酒俗文化

桐乡地区的酒文化源远流长，博大精深。史籍记载，自唐宋以降，朝廷已在乌镇、石门等地设置酒正的税官。宋嘉泰年间，黄榦（号勉斋）监崇德县石门酒库。宋时崇德的酒税务基址在今崇福镇万岁桥（南桥）东南。

宋代对酿酒业的控制非常严，开办了大量官营酿酒坊，从生产到销售全方位把控，实行专卖。当时，民间个体酿酒必须从官方购买酒曲，同时缴纳重税。黄榦《勉斋集》中对石门镇官营酿酒坊的营收进行了记载，从中可以知道当时国家的酒税利润有多高：国家每年投入2700贯本钱，得到收入1.07万贯，利润8000贯，留2000多贯给酒坊继续作本钱。这仅仅是一个镇酒坊的营收。

明代废除了榷酤制度，允许民间自由酿酒，而且只需缴纳很少的酒税（酒曲税的税率为2%），这使明朝酒业异常繁荣。以乌青镇为例，当时较大的酒坊有二十余家。至嘉靖、万历时期，乌青镇迎来了历史上的繁荣时期，"地僻人稠，商贾四集，财赋所出甲于一郡，……宛然府城气象"。人们聚会，少不了饮酒。有记载说，戏曲家王济辞官回镇后，精心修筑园第，招宾客宴饮。但见台上演出戏曲，台下名士云集，赋诗饮酒，醉而复醒。宁波人丰坊于酒酣耳热之际，挥毫泼墨："横山堂上乌程酒，醉墨亭中顾渚茶。"

乌镇高公升酒坊 / 李渭钫摄

清代依然沿袭明代的酒税制度，上至达官贵人，下至平民百姓，多以饮酒为乐，酒成为人们生活中的一部分。乾隆年间乌镇陆世垛《双溪棹歌》云："木棉花落棉车忙，红莲稻熟酒车香。西庄南庄教妾织，长水短水劝郎尝。（原注：西庄、南庄，布名；长水、短水，酒名。）"说明清乾隆年间的乌镇已有名为长水、短水的酒。嘉庆、道光年间，洲泉诗人吴曹麟《语溪棹歌》载："村路迢迢晚色冥，行人手自挈双瓶。问渠有客杭州到，好酒须赊竹叶青。"有客人从杭州来，家里一时没钱买酒，但主人还是去酒店赊了两瓶竹叶青，用来招待远方来客。这不仅体现了洲泉淳朴好客的乡风，也说明人们聚会时酒是必不可少之物。

沈涛《幽湖百咏》云："酒价卢家远著名，迎春桥外估帆停。塘南共醉苏泉白，塘北还沽竹叶青。"濮院的卢家三白酒远近闻名，尽管酒价昂贵，但迎春桥外仍停满了装酒外运的商船。塘南乡民喜饮苏泉白，而塘北乡民则爱竹叶青。

桐乡境内，以乌镇三白酒最负盛名，其中以"陶复昌"所酿为佳。"陶复昌"以好酒糟烧之，取其上蒸之汽。但乌镇三白酒没有像濮院卢家三白酒那样远销外地。清末民初，乌镇不少人家以酿酒为业，最盛时有"烧酒灶头"三百多副。一走进乌镇，就有一股浓浓的酒香扑鼻而来，让人不由得想起梁章钜《楹联丛话全编·楹联三话》中的酒肆联："钱梅溪曰：'途中遇沽酒者，或卖花者，其香扑鼻可爱，拟将采入诗中，而未得也。偶见市中酒肆挂一联帖云："沽酒客来风亦醉，卖花人去路还香。"不知何人所作，可谓先得我心者矣。'"

丰子恺爱喝酒，在家乡石门时喝杜搭酒，在外喝绍兴黄酒，所以，他的作品中不时会提到酒。《辞缘缘堂》中写道："冬天……廊下晒着一堆芋头，屋角里藏着两瓮新米酒，菜橱里还有自制的臭豆腐干和霉千张。"文中所说的"新米酒"即"杜搭酒"。乡谚云："毛焐芋艿杜搭酒，客人见了勿肯走。""杜搭酒"是用当年新收的晚稻米做的酒，香气四溢，若贮藏得当，能从初冬一直吃到来年暮春。丰子恺所写随笔《癫六伯》中，介绍了一种名叫"时酒"的酒："时酒，是一种白色的米酒，酒力不大，不过二十度，远非烧酒可比，价钱也很便宜，但颇能醉人。因为做酒的时候，酒缸底上用砒霜画一个'十'字，酒中含有极少量的砒霜。砒霜少量原是无害而有益的，它能养筋活血，使酒力遍达全身，因此这时酒颇能醉人，但也醒得快，喝过之后一两个钟头，酒便完全醒了……"

以前端午节时要吃"五黄"，雄黄酒是必不可少的，人们认为它能驱解百毒。现代人已知雄黄有毒性，便不再喝雄黄酒了。

桐乡人的日常生活中大多离不开酒。比如岁时节令期间，喝酒必不可少。农历正月吃年酒；初五接财神酒，吃五路酒；十五吃元宵酒。二月花朝节，初三"文昌诞"，三月清明祭祖，十八日为春社，都少不了饮酒。四月立夏节，饮烧酒，啜新茶。五月初五喝端午酒。七月十五中元节，家家户户祭祖，祭毕吃七月半酒。八月十五喝中秋团圆酒。九月初九饮重阳酒。十月有小雪酒。十一月有冬至酒。腊月二十三小年夜祭灶，更有年关酒等。

除此之外，家中建房有上梁酒，民间集会喝会酒，茧行开称、丝行开业、商店作坊新开喝开张酒，庆贺婚嫁吃喜酒，庆贺寿诞吃寿酒。关于婴儿有三朝酒（出生三天，俗称三朝太）、满月酒、挪周酒。孩子长到十六周岁时喝罗汉酒。人过世了办素酒。还有诸如接风酒、顺风酒等。这些都体现了桐乡深厚的酒俗文化。

旧时，在酒宴中，桐乡各地还有行酒令和豁拳的习俗，负者罚饮。行酒令多为文人聚会时的游戏，流传不广；而豁拳简单易行，甚为普遍。豁拳时的行令为：一魁首、二家好、三元及第、四季发财、五金魁、六六顺、七星照、八仙寿、九连环、全家福。以两人所伸手指数与喊数相合者为赢家，如喊数与两人手指数都不合或都合时，则重豁，直到决出胜负为止。如今年轻一代大多已不会豁拳，唯有一些乡村老者还沿袭此俗。

大凡酒馆酒肆，都会在大门两旁或墙壁上贴有酒联，以示文雅，店外也会高挂一"酒"字旗，迎风猎猎，客人老远就能看到。章太炎夫人汤国黎作《忆江南》词三首，其中这样写道："青墩好，春日泛轻舠。香讯争传西塔寺，市声多集北宫桥。历乱酒旗飘。"她回忆自己少年时，家乡青墩（今乌镇）西寺的香市、北宫桥的集市、乌镇街巷酒旗乱飘的繁华景象。

一副上佳酒联，往往能够吸引游客驻足观赏，从而带动生意兴隆，可谓一举两得。晚唐诗人杜牧在《清明》诗中说："借问酒家何处有？牧童遥指杏花村。"淡雅绚丽，宛然入画。而清代祥霭的酒帘诗："送客船停枫叶岸，寻春人指杏花楼。"更令人浮想联翩，回味无穷。

水神信仰与庙会习俗

一、水神信仰

京杭大运河作为沟通我国南北的水运交通大动脉，在促进沿岸地区社会经济发展和南北经济文化交流的同时，对沿岸地区的民间信仰也产生了重要影响，主要体现在水神信仰盛行。在众多水神中，最有代表性的莫过于漕运保护神金龙四大王。

《（嘉庆）石门县志》卷九《祠祀》载："金龙四大王庙，在北门外甘露庵左，即戴星别署址。康熙初建，旋圮。乾隆二十八年重创正殿五间，堂楼前后各五间，前厢楼左右各三间，后厢楼左右各三间，神台一座，丹碧峥嵘，为今一邑胜迹。"

石门县令鲍祖幹在《重建金龙四大王庙记》中说，金龙四大王名谢绪，行四，晋太傅安之三十一世孙，自宋后世居钱塘之孝女北里，以谢太后戚婉不乐仕，隐于祖茔金龙山之巅，筑望云亭自娱，故称金龙四大王。

往来于运河之上的漕军、运丁负责漕粮的运输，他们涉江过河，艰险无比，故建庙祀神，祈求保佑，成为传播金龙四大王信仰的重要力量。石门县（今崇福镇）金龙四大王庙于康熙初年为杭州漕帮所建。乾隆二十八年（1763）由杭州漕帮与往来于石门县的贾商重建。

鲍氏《重建金龙四大王庙记》中载："康熙初年，杭四帮漕艘建王庙九间于此。久而庙圮，其地皆甘露僧代掌。乾隆二十八年，杭四帮首事郭际丰等与慧庵僧德超谋复建庙，适有王之二十四孙谢掌纶持画像募修下墟祠，僧曰此地正拟造庙，盍留像以垂久远，遂承慨允。德超以十二金谢之，重为裱糊供奉。是年，杭四帮六十船公鸠银三千六百两，江宁各布商贸易于石者乐助银六百余两，遂议恢旧址，估值与甘露僧立约，开建大门五间，正殿五间，前两厢楼上下各三间。……明神护持河运，而杭卫及布商等皆能仗义急公，蔚然盛举。"

玉溪镇（今石门镇）的西竺庵，康熙初由僧慧传募建。同治间，僧栖真出资重修。光绪初，僧涌潮于庵东建金龙四大王祠。在桐乡运河沿线区域，金龙四大王庙只此二处。

应该指出的是，对金龙四大王的信仰，是明清时期随着京杭大运河的全线贯通和漕运的兴盛而产生的。国家和地方官员的倡导和推动，加之漕军、水手、船工、渔民、商人等社会群体在祈祷和祭祀方面的需求，使得水神信仰、河神信仰盛行。到了光绪末年，清政府下令漕粮改征银两，漕运随即废止，这种信仰也就随之而亡了。

二、庙会习俗

大运河为世人留下了很多独具特色的运河风情和民俗文化，庙会就是其中之一。庙会，又称"庙市"或"节场"，是以某一座寺庙为基点，以在当地颇具影响的某一神灵为中心，并以这一神灵的诞辰日或忌日为节日，聚集四面八方的民众，迎神赛会，娱神娱人的民俗活动。

旧时，桐乡、崇德两县的各个集镇上，每年均有不同的迎神赛会活动，而且各具特色。民间有首关于庙会的顺口溜是这么说的："濮院迎会迎个宝，乌镇迎会迎得巧，崇福迎会轧热闹，梧桐迎会鬼讨好。"反映了各镇庙会的特点。

濮院珠宝会

濮院的庙会又称"珠宝会"。濮院是丝绸古镇，家家织绸，所产濮绸闻名遐迩。丝绸业发达，商业繁荣，百姓生活富足，因此在迎会时，镇上的世家大族，悉出珍宝，以相夸耀，靡费巨万。于是庙会就成了"珠宝会"。

据地方志记载，濮院珠宝会始于明代，后由迎神会演化为佑圣会。农历三月初三是道家"镇天真武灵应佑圣帝君"（真武大帝）的寿诞。举办佑圣会，反映了濮院百姓的道教信仰，表达了对真武大帝的崇拜之情。佑圣会每三年举办一次。那么，明代的佑圣会是怎样一个场景呢？

明万历二十八、二十九年间（1600—1601），游历至濮院的杭州文人谢天瑞（字起龙，号思山行人）目睹了濮院佑圣会的情况，他写道："碎翦锦绮，饰以金玉，穷极人间之巧，靡费各数千金，舣舟万计，男女咸集，费且无算。"他在《增补鹤林玉露》中还记录了佑圣会中发生的一些逸事。先是濮院市河中一舟倾覆，舟中的良家妇女瞬间成了落汤鸡，丑态百出；又有一位孕妇因观看盛会，来不及回家生产，只得将婴儿分娩在田野里，等等。谢天瑞在观看了濮院的佑圣会、吴江的五方贤圣会之后，总结了当时庙会风俗的六大蠹弊：一曰竞奢，二曰诲淫，三曰招盗，四曰起争，五曰废时，六曰失事。

濮院佑圣的靡费确是实情。明代李日华在《味水轩日记》中记：万历三十八年（1610），"三月三日秀水濮院镇醵金为神会，结缀罗绮，攒簇珠翠，为台（抬）阁数十座，阁上率用民间娟秀幼稚扮故事人物，备极巧丽。"

万历三十八年三月初三，三年一次的濮院镇朝拜真武大帝的佑圣神会举行。消息一经传出，立刻吸引了嘉兴、梅里（王店）、碳石、新塍、王江泾、盛泽、梧桐、玉溪（石门）、崇德（崇福）、双林等地的群众，濮院的庙桥河、十景塘、梅泾以至城东南的幽湖一带，停满了楼船画舫。人员剧增，使镇上的酒肉及蔬果的价格翻涨。濮院富户甚多，平日门扉紧闭的深宅大院，也开始张灯结彩，修饰一新。到了晚上，亲戚朋友，依次入座，推杯换盏。一连数日，日日欢宴，夜夜笙歌，十分热闹。庙会的高潮是抬阁出行。从民间挑选出来的相貌姣好的幼童装扮成故事中的人物，坐在小巧的阁中，抬阁所到之处，人们争相观看，无不啧啧称奇，更有意犹未尽者，跟随抬阁到各里弄游走。这是李日华亲眼所见的濮院神会，当时民间的奢靡之风由此可见。

十多年后的天启年间，濮院佑圣会不知为何突然停止了。直到清初，才又恢复，数年举办一次。康熙年间，"佑圣会始罢而东岳会兴焉"，每三年或五年举办一次，时间也由原来的三月初三改为三月二十八。相传这一天是东岳大帝的生日。东岳大帝是执掌人间赏罚、生死的泰山之神。

康熙年间的沈廷瑞在《东畲杂记》中记载了当时濮院东岳庙会的盛景："廿四坊各装鳌山一座。每座三层，架为假山。花木嵌空玲珑，益为缀彩珠玉，炫耀异常。每层以四五岁童子扮演杂剧，或坐或立于其间。最上一层，高与楼屋相亚，其小者曰'肩鳌'。每座用木架，有力者一人肩之以行，架上亦装假山，以童子坐其上，衣履以珠玉妆饰。世家大族，悉出珍宝，以相夸耀。六七日始毕。昼夜人声如沸，数十里内画舫楼船，填塞通河。"

嘉庆年间，杨树本的《濮院琐志》也记载："鳌山会（即东岳庙会），数年一举，共二十四座，每坊各出其一，以天字号为首，凤栖次之，余坊行走先后，悉有成规，并各分主宾迎送，不相紊也。先作山骨，凡可以点缀山色者，靡不穷搜巧构，求肖厥形。届期募硖川冶工制细铁条，以小儿扮神仙故事。山之颠结彩亭，用五色绸簇栏杆、藻井、槟题、梁栋之物，陈设几案金玉器具，旁坐一人或二三人。亭之上或坐立一二人，用细铁条自履至臂，视手中所持物随其形屈曲而出忽于空中，立一人其上，远望之，但见虚无缥缈而来。初不解其连属之巧，殊可观也。其所服之群（裙）率皆新制，又以珍珠缀其裾领，金钏珠冠，皎日之下，光彩炫目，虽百计那（挪）移，好胜者在所不恤。计数日之间，费且盈万。而远近来观者，篙楫纵横，男女填溢，所谓举袂成帷，挥汗如雨，不是过也。"可见其盛况。

东岳庙会举行时，不仅本镇人士倾巢而出，四乡八村的人也赶来观看，濮院的内外河道停满了楼船画舫，大街小巷挤满了各色人等。道光年间，沈廷瑞曾孙沈涛的《幽湖百咏》云："东皇赛会鼓鼕鼕，人在鳌峰最上层。郎点臂香妾烧烛，报娘还点肉身灯。"东皇赛会即东岳庙会，这是当时庙会的真实写照。

道光年间的岳廷枋也有《竹枝词》以纪其实："昨宵排棍乱梆鸣，共说来朝已稳晴。大佛三尊齐出殿，骆驼骨扇手中擎。"就当时的排场而言，东岳庙会已经超过了明代盛极一时的佑圣会，这跟濮院丝绸业的兴盛有关，也与此地竞尚华奢、百姓喜好露富的风气有关。

好景不长，道光十年（1830）以后，里中豪富日衰，庙会就不再举行了。咸丰十年（1860）七月，由于太平天国运动，东岳庙被毁。平定太平军后，濮院又恢复了迎神赛会。光绪十五年三月三十日（1889年4月29日）《申报》报道："濮院镇土民，每年于三月二十八迎赛圣帝胜会，今闻此次较往年更盛，鳌山抬阁已齐，有三十余座之多……"

濮院各坊所扎鳌山、抬阁等都很考究，最为精彩的是牧童放牛抬阁。神牛为淡红色，背披华丽锦缎，牛绳全用珠玉和金戒指缀串而成。牧童身穿绫绸短袄，佩有一支珍贵的玉笛，一派珠光宝气。所有金银珠宝，都是濮镇世家大族所出。他们这种争相炫富的行为，引起了太湖盗匪的觊觎。民国二十年（1931）迎会期间，一股太湖强盗潜入濮院，趁迎会组织者松懈之机，于后半夜实施抢劫，造成损失近百万元。从此，濮院"珠宝会"不敢再办。

乌镇城隍会

乌镇的迎神赛会活动比较频繁，一年四时八节，有各式各样的"会"，如农历三月"庙会（即乌镇香市）"、四月"青苗会"、五月"瘟元帅会"、七月"城隍会"，还有"周仓会""财神会""土地会""总管会"，等等。在众多的"会"俗中，香市所涉的寺庙最多，有普静寺、白莲寺、乌将军庙等；内容也最丰富，既有祭神烧香，也有文艺表演，还有商贸交易；时间又最长，从清明至谷雨约半个月。此外，乌镇城隍庙会也很有特色。农历七月十五日为"盂兰盆节"，也称"中元节"，桐乡各镇的寺庙均会在这一天举办庙会，但在乌镇，盂兰盆会必须在十四日结束，因为十五、十六日是城隍庙会出会之日。据说城隍巡视各栅之后，无主野鬼就可被扫荡干净。

迎会时，人们用轿子将身穿神袍、面施彩漆的城隍塑像从庙中抬出。首先抬到西栅的无主坟滩祭悼一番，然后再抬到南栅、东栅、中市和北栅各街坊去巡游一趟，最后返回庙中。

乌镇的城隍会（包括此地其他的迎神赛会）出巡，凡路过中市修真观时，就得遵守规矩。因为修真观大殿东侧有玉皇阁，玉皇大帝是天上的至尊，坐镇修真观。迎神赛会的队伍经过时，先由"报马"手持香烛拿着帖子到玉皇阁报到，上香烛，磕头，然后道士将其领出，关紧修真观大门，并在门上挂一块"出巡免参"的木牌。迎会的队伍此时需要偃旗息鼓，抬着轿子一路小跑（谓之"抢轿"），过了修真观才可以继续鸣锣喝道，张扬而行。茅盾回忆录《我走过的道路》之《童年·父亲的三年之病》一文中对此也有记载："出城隍会，照例由一队人马在前面鸣锣开道，然后就是各街坊的'抬阁'和'地戏'在喧天锣鼓声中慢慢地依次走过。……但是大轿在经过我家旁边的修真观时，却突然锣鼓息声，抬轿的人要一齐跑步，飞速穿过观前的那一段街道。这是有名目的，叫做'抢轿'，因为修真观供奉的是玉皇大帝，城隍是玉帝手下的小官，当然不能大模大样地经过修真观，只能跑步通过。"

民间传说，城隍会的风俗始于明初。据说，朱元璋的父母死于兵荒马乱之中，尸骨无存。朱元璋建立明朝后，为了表示对父母的悼念，下旨命各地每年在七月十五日"鬼节"的时候，抬城隍菩萨到那些无主的荒坟草滩上去祭悼。这种祭悼活动，后来逐渐变成城隍会的习俗。迎会那天，十六人抬着城隍爷的轿子，由一个"鬼保长"引路，轿前是鸣锣开道的先遣，其后是捐着写有官衔和"肃静""回避"的行牌、旗伞的仪仗队伍，行列中还有人扮的刽子手、黑白无常、判官、日游神和夜游神、衙役三班和戴着面具的五道丧司，由各街坊商户出钱置办的抬阁、地戏和灯彩等巡游节目也参与其中。

乌镇的抬阁形状有花台、塔台、亭台、转台等，飞檐翘角，雕窗画壁，制作精细，色彩鲜艳，富丽堂皇。每座抬阁由四至八人抬着，阁中站着由童男童女扮成的古代戏文中的角色，如许仙和白娘娘，吕布与貂蝉，牛郎和织女，吕纯阳、蓝采和等八仙人物。这些角色扮相生动，服装华丽，道具精巧，十分耐看。乌镇城隍会的"巧"就巧在这上面，故民间有谚语称："乌镇巧，濮院宝，桐乡迎会鬼讨好。"地戏就是由一批穿着演戏行头的男女"演员"，扮成生、旦、净、丑等各种角色，跟在队伍后面行走，有时还要舞弄一下手中的刀枪，很是有趣。灯彩则有龙灯、马灯等不同种类。队伍过街时，两边店铺、居民都会点起香烛，人们静默无声，双手合十，虔诚礼拜。

那些向城隍爷许过愿的人家，就叫一个儿童身穿囚衣、颈带囚枷（以银颈圈代替）扮成"犯人"，跟在队伍后，以示赎罪。茅盾9岁时扮过一次这样的"犯人"，他在回忆录《我走过的道路》之《童年·父亲的三年之病》一文中有这样的描写："在父亲卧床不起的第二年夏天，祖母亲自到城隍庙里去许了个愿，让我在阴历七月十五出城隍会时扮一次'犯人'。这是乌镇当时的迷信：家中有病人而药物不灵时，迷信的人就去向城隍神许愿，在城隍出会时派家中一儿童扮作'犯人'，随出会队伍绕市一周，以示'赎罪'。这样，神就会让病人的病好起来。……我虽然当了一次'犯人'，父亲的病却未见有一丝的好转。"

城隍会祭无主孤魂这种风俗流传已久，它的迷信色彩较浓，中华人民共和国成立后将其废除。

洲泉双庙渚蚕花胜会

双庙渚（今属洲泉镇清河村，民国时期曾属芝村乡）蚕花胜会（亦称"蚕花圣会"）的很多活动是在水上进行的，故又称"蚕花水会"。桐乡自古以来就是桑蚕之乡，蚕农向来有信仰蚕神马鸣王的习俗。据传，双庙渚蚕花胜会起源于南宋时期，宋高宗定都临安（今杭州）后，为激励蚕农种桑养蚕，封蚕神马鸣王为"马鸣大士"。后来，清河村双庙渚、芝村、洲泉屈家浜村三地分别建起顺庆寺、演庆寺（又名龙蚕庙）、富墩庙三座庙宇，并在庙中设殿供奉马鸣王菩萨，人称"姐妹仨"。

旧时，每年清明节期间，三座庙宇附近的蚕农会用农船将马鸣王姐妹仨迎至双庙渚附近的河港上加以祭拜，祈求蚕神赐福，保佑蚕农丰收。双庙渚处于几条河港的交汇处，水上交通便利，因此蚕花水会通常在洲泉镇清河村顺庆寺附近的河港上举行。

双庙渚蚕花水会具有浓郁的蚕乡特色，其内容包括奉神、祭神和娱神。参与表演者除了本地蚕农外，嘉兴等地的蚕农也会赶来参加，甚至还有吴兴、德清、余杭等地的蚕农。蚕花水会从清明开始，一般持续五至七天。蚕花水会的所有节目均在船上表演，极具水乡特色，有摇快船、拜香船、打拳船、抬阁船、龙灯船、高竿船等，表演者各显技艺，以祈求田蚕丰收。水上表演，通常由抬阁船为先导，这是水上庙会的基本节目，由一些童男童女扮成传统戏剧人物的形象进行表演。拜香船是水上庙会中的一种民间舞蹈，由穿红戴绿的八男八女进行拜香表演。打拳船是水上庙会中的一种民间体育活动，表演的是各种民间武术。高竿船则在竿顶表演各种惊险动作。压轴节目往往是带有竞技性质的摇快船。每只船上十三人，备有两橹八桨。表演时，在指挥者有节奏的号令下，众船齐发，你追我赶。岸上成千上万人围河观看，盛况空前。据民国三十七年（1948）三月二十四日《新崇德民报》报道："三月二十日，本乡十四保双庙渚与邻乡芝村交界地方，往往于每年清明节前后，必有人发起，伙同邻乡农民举行大规模之迎神赛会，以纪念马鸣王菩萨为号召，参加赛会，藉以祈求田稻蚕丝五谷的丰收。在赛会中有龙船、拜香船、打拳船等……"

中华人民共和国成立后，水上庙会活动停止。直到1998年，中断了半个世纪的双庙渚蚕花水会才恢复。2009年6月，双庙渚蚕花水会被列入第三批浙江省非物质文化遗产名录。

崇福芦母旱会

崇福的芦母旱会也别具风采。它以崇福镇东北郊芦母桥（原属虎啸乡）附近的三圣堂为活动中心，迎祭对象是三圣堂中的当方土地和蚕神马鸣王。迎会的目的跟芝村、双庙渚蚕花胜会差不多，主要是为了祈求土地爷和马鸣王保佑田禾、蚕花丰收。芦母旱会一般在每年清明节举行，为期约三天。第一天为请令，准备参加迎会的各村首领去庙堂领取令箭，持令箭者方可参加迎会。第二天是迎会，各村参加迎会的队伍全部集中于三圣堂，排列次序，宣布纪律，举行简单的祭祀仪式，之后开始出会巡游。走在最前面的是绣有龙凤图案的八顶红凉伞，由八人擎着。接着是龙灯队。随后就是各村坊准备的各种传统的民间文艺节目，有抬阁、地戏、拜香凳、采莲船、跳五方、敲鼓亭、打莲香、踩高跷等。迎会时的高跷，高度都在两米以上，甚至有超过三米的。表演者扮成戏剧人物，除行走外，还有单脚跳、双脚跳等特技，而且有锣鼓丝竹伴奏。杂戏队伍列于最后，其中有人举着绸制长条形大纛旗，旗高二丈有余，饰犬牙边，旗上有神主封号的全称，以毛竹为竿。大纛旗之后，便是神旗、神轿、神椅等，蚕神马鸣王端坐于神轿之中，神椅则是当方土地诸神的座位。出会队伍长七八里，参加者有数千之众，而从四面八方涌来的观众则数以万计。

迎会队伍从芦母桥出发，向南经留良，折而向东过高桥、南日等村庄，至亭桥沿北沙渚塘回到原地。第三天迎会时则调换方向，从芦母桥出发，往北经同福等村，折而向东沿大运河东侧向南进入崇福镇。此时，迎会进入高潮，全镇万人空巷，竞相观看，欢声四起，热闹非凡。直到傍晚，人们才高举长柄灯笼离镇回到芦母桥，交回令箭后，各村队伍纷纷散去。

桐乡县城（梧桐镇）庙会

桐乡县城庙会于十月二十五开始，持续三天，如果生意好，也有持续到月底的。桐乡人还为其取了个形象的别名："十月廿五锵咚哐！"桐乡县城庙会由商会领头组织，商界出资请戏班，民众自愿参

蚕花水会赛龙舟 / 沈剑峰摄

加。庙会期间，东岳庙前，东到凤鸣寺，西至西门口，摊贩云集，戏班子露天搭台演剧，还有卖狗皮膏药的江湖郎中、变戏法的艺人、拉洋片的商人，以及穿长衫的小热昏，手拿一面小锣、一副快板，说说唱唱，推销梨膏糖。

桐乡县城庙会是迎东岳大帝。迎会这天，参加的队伍齐集东岳庙，向神灵祭祀礼拜之后，将东岳大帝塑像迎至神轿之中。迎会开始，轿前是对锣开道，"肃静""回避"硬牌分立两边。接着就是各街坊（也有附近的村坊参加）准备的节目。队伍中虽然也有抬阁、舞龙、舞狮等民间文艺节目，但因为东岳大帝是主死生的神灵，执掌幽冥地府十八重地狱，是十殿阎王的顶头上司，所以迎会队伍中装神扮鬼的节目较多，有黑无常、白无常、鬼保长、牛头、马面等。"桐乡迎会鬼讨好"这句话即由此而来。

石门元帅庙会

石门的元帅庙会迎的不是宗教神谱中所立的神灵，而是老百姓自己奉立的"神"，这跟濮院、乌镇、崇福、梧桐等镇有些不同。

旧时，每年农历五月十三至十五日，石门湾会有元帅庙会。2002年版《石门镇志》第五编《社会》之《庙会、灯会》载："农历每年五月十三日至十五日，石门镇举行元帅会，远近皆知，影响面广，是镇上最热闹的庙会。"

据传，元帅庙建于宋代，原名永福庵，后有义士斗毒捐躯，民间奉其为瘟元帅，将永福庵改建为元帅庙。每年农历五月十五日左右，乡人会隆重行祭，遂成元帅庙会。

关于瘟元帅的来历和故事有着不同说法。清范祖述《杭俗遗风·元帅会场》中载："地祇元帅，封东嘉忠靖王，姓温，传说系前朝秀士，来省中乡试，寓中夜闻鬼下瘟药于井中，思有以救万民，即以身投井。次日人见之，捞起浑身青色，因知受毒，由是封神。五月十八诞辰，十六出会，名曰'收瘟'，由来旧（久）矣。"而石门的民间传说是，昔时某夏夜，乡民袁三闻知厉鬼欲向河中抛投瘟虫，传播瘟疫，危害百姓，于是投河自尽，以身警众。村民感恩，纷纷捐款，建庙塑像，祭祀纪念。后袁三受封为瘟元帅，元帅庙之名亦由此而得。且以五月十四日袁三投河之日迎会，名曰"迎元帅庙会"。

迎会时，人们将庙中瘟元帅塑像抬至石门镇上巡游一周，寓意抓捕瘟鬼，保一方平安。迎会队伍由各街坊组成。两面大锣在前，锣声铿锵，后有"肃静""回避"牌护行。其后有八名脸涂青色、身穿黑袍、手持钢叉的夜叉，此为元帅抓捕瘟鬼的执法队。夜叉之后，有两人抬一烧旺的炭火盆，火盆后面为两人抬着一纸糊的"收瘟大氅"，氅两侧写有"收净瘟鬼，四方平安"八字。据传，瘟鬼惧火，火盆燃火，便于将瘟鬼慑住，然后夜叉可将其抓入氅中。瘟鬼被抓入氅中，永世不得翻身，再不能危害百姓了。之后是元帅神轿，轿后有乐队相伴。最后则为各街坊准备的抬阁、地戏、龙灯、狮舞等演出，娱神娱人。元帅庙会中的活动反映了人们敬善崇贤的心理和追求太平安康的愿望。

丰子恺在《元帅菩萨》一文中写道："石门湾南市梢有一座庙，叫做元帅庙。香火很盛。……每年五月十四日，元帅菩萨迎会。排场非常盛大！长长的行列，开头是夜叉队，七八个人脸上涂青色，身穿青衣，手持钢叉，锵锵振响。随后是一盆炭火，由两人扛着，不时地浇上烧酒，发出青色的光，好似鬼火。随后是臂香队和肉身灯队。臂香者，一只锋利的铁钩挂在左臂的皮肉上，底下挂一只廿几斤重的锡香炉，皮肉居然不断。肉身灯者，一个赤膊的人，腰间前后左右插七八根竹子，每根竹子上挂一盏油灯，竹子的一端用钩子钉在人的身体上。据说这样做，是为了'报娘恩'。随后是犯人队。许多人穿着

瘟元帅庙会 / 乌镇旅游公司供图

犯人衣服，背上插一白旗，上写'斩犯一名×××'（注：按当时作者故乡的风习，认为生病是自身的罪孽所致，因此病人常在神前许愿：如果病愈，就在元帅菩萨会上扮作犯人以示赎罪）。在后面是拈香队，许多穿长衫的人士，捧着长香，踱着方步。然后是元帅菩萨轿子，八人扛着，慢慢地走。后面是细乐队，香亭。众人望见菩萨轿子，大家合掌作揖。"

大麻庙会

大麻镇北有京杭大运河横贯而过，运河南岸的吴王庙，又称吴大帝庙。据记载，此庙系宋南渡时为纪念三国时期东吴国君孙权而建。三国时期，大麻属于东吴。明代诗人黄省曾乘船途经大麻，游览吴王庙后，留下《晚泊麻溪，望皋亭、临平、德清诸山，周览吴王庙宫》诗："落日澹川晖，凝霏迥霄色。列山秀遐迩，重峦恍空逖。目寓一以佳，情来讵能抑。瑰奇志栖迟，茫淼想攀适。辍枻庋麻渚，跻野践桑域。土风悦新览，乡庙伫昏历。虽泯三鼎业，犹余千载迹。慨昔成此章，明镫咏芳夕。"

康熙帝六次南巡，五次到达浙江，每次都途经大麻。其中有两次在大麻停留或过夜，登陆地点就在吴王庙。第一次为康熙四十二年（1703）二月十三，康熙途经大麻，泊舟于吴王庙下，召德清籍状元蔡升元迎驾，入御舟对话。另一次为康熙四十四年（1705）四月初二，晚抵大麻驻跸。康熙帝之孙乾隆帝六下江南，也多次途经大麻，并在此短暂驻留。为方便乾隆帝驻跸，乾隆二十七年（1762），湖州知府李堂上书请求在吴王庙附近建行宫。

吴王庙除主殿外，还包括观音殿、龙图殿、十王殿、五猖殿、东岳殿等建筑。江南一带盛行寄名，以求孩子能平安、健康成长。寄名的对象可以是某人，也可以是某位菩萨。乌镇南面的古运河北岸，有座"宗扬庙"（后人亦称宗阳庙），供奉的是明嘉靖年间抗倭名将宗礼。抗战胜利后，附近乡民纷纷带着小孩去宗扬庙祭奠，据说将小孩子寄名于宗扬菩萨而改姓宗者不下百余人。而吴王庙的主神是孙权，民众当然高攀不起，于是供奉观音的观音殿，供奉包拯的龙图殿，供奉五猖菩萨的五猖殿，成了香火旺盛的地方。

五猖会，是旧时南方乡村为五猖举行的迎神赛会，各地形式不一。五猖，也叫五通神、五圣神、五郎神等，是江南民间供奉的邪神，相传为兄弟五人。鲁迅于1926年所作《五猖会》载："孩子们所盼望的，过年过节之外，大概要数迎神赛会的时候了。……要到东关看五猖会去了。这是我儿时所罕逢的一件盛事，因为那会是全县中最盛的会。……其一便是五猖庙了，名目就奇特。据有考据癖的人说：这就是五通神。然而也并无确据。神像是五个男人，也不见有什么猖獗之状；后面列坐着五位太太，却并不'分坐'，远不及北京戏园里界限之谨严。"而在桐乡地区，对五猖的信仰似乎只在大麻镇及其周边地区，始于何时已无考。

每年农历五月二十四、二十五两天，大麻地区民众会自发组织，抬着吴王庙里的五猖、东岳、总管、太子、包公五座神像出发，队伍里有使大刀的，舞大纛旗的，踩高跷的，掼龙灯的，走马灯的，最后是一队老太太边走边念经。数百人的队伍缓缓而行，将各个搭有接风台的村坊巡游一遍。

三、水龙会

桐乡各镇的迎神赛会活动，因人们崇信的神灵不同，迎会的时间和形式也各不相同。但有一种赛会，活动时间和方式各镇基本相同，这就是"水龙会"。

旧时，桐乡各镇水龙会均在每年农历五月二十日龙王菩萨生日那天举行，民间谓之"分龙日"。地点一般选在龙王庙前或近水源的地方。水龙会的主要内容是试龙和赛龙。所谓"龙"，就是过去用来救火的老式灭火机，俗称"水龙"。它是在一只长圆形的大木桶内，装上水箱和活塞，上面有压杠。使用时，不停地向木桶中加水，利用杠杆原理，将水压入水箱，再通过导管压送出去，最后从龙口喷出。每台水龙一般配有二十余人，分别负责喷头、导管、压杠、挑水等工作。

濮院镇水龙会举办时，由镇绅选出的力士抬着龙王菩萨前行，后面是二十四坊的水龙。他们沿着主要街道，浩浩荡荡地巡游一圈，然后进入镇东会龙桥西堍龙王庙前的广场上，龙王菩萨朝南端坐，主事者摆好供桌，点上香烛，献上供品。然后，各坊选出十多个青壮好手，操作水龙进行比赛。他们分工明确，一批人步履如飞，负责从河中挑水；龙肚两侧各有二人，把挑来的水送到龙肚中；把握龙者配有主、副二人，紧扶龙头，将水射向河面上的目标。最终获胜者披红挂彩，十分神气。比赛结束后，由龙王菩萨领头，江南丝竹声起，各坊水龙排好次序，依次在大街、北横街、义路街、南横街游行，然后各回本坊，龙王菩萨复归龙王庙。

总之，迎神赛会是民众祈求神灵保佑的一种习俗，实质上是集娱乐和观赏于一体的群众性文化活动。

桐乡方言与
民间文学

桐乡是鱼米之乡，地当水陆要冲，素来贸易繁荣。特别是明清时期，各地商贾通过京杭大运河来到桐乡经商。经济的发达，带动了文化的繁荣，使当地形成一种崇文尚学的风气。

随着市场的繁荣和人们交际的广泛，各地方言在桐乡交融，形成了独特的语言风格，延续至今。而且，即便在桐乡境内，镇与镇之间，或村与村之间，对一些词汇也有着不同的发音。

一、桐乡方言

桐乡话是吴语的一种，俗称"桐乡闲话"，属于吴语太湖片苏沪嘉小片。除了吴语所共有的语音、语汇、语法的特点之外，桐乡闲话在语言交际功能上颇具特色。一个普通的词语，一句简单的话语，便具有鲜明、生动的表现力，以及含蓄、委婉的修辞特点。

桐乡方言中，词语的读音和意思之间的关系，既有直观明确的，如好日（办喜事）、齐整（漂亮）、吃相（用餐时的状貌）、百脚（蜈蚣）等；也有不直观明确、古语色彩相对浓重的，如白相（玩）、覅（读笑，不要的意思）、捐（扛）、吓歇（现在）、告消白（诉说）等；还有难以理解的（疑为古汉语遗存），如吾拉（我们）、伊拉（他们）、格搭（这里）等。另有一些古代北方官话，通过大运河渐渐向南传播，如今在桐乡方言中仍在使用，如囥（隐藏）、汏（洗）、弗（不）、晏（迟、晚）等；也有一些完整保留中古浊音的词语，如巴、怕、爬等。

有些词汇属桐乡一地独有，譬如：大姑娘长到十八岁，说媒的踏勚（yì）了门槛。其中的"勚"字，用得非常精准。普通话会说"做媒的把门槛也踩烂了"。踩烂，那得用多大的力气！而踏勚，则是慢慢地低（消）下去，同时也表明有很多人进去。还有一个词"推扳"，推和扳是反义词，组成词汇后很有意思，比如"这东西不推扳"，就是这东西不差、不错的意思。"我难道比你推扳？"这个推扳是逊色的意思。如果说"你推扳一点好不好？"这个推扳又变成收敛的意思了。

桐乡石门湾人经常说的话是：叫我做gáng？到gáng地方去？翻译过来就是：叫我做啥？到啥地方去？据说以前石门镇上有个顽童，顽皮得很，父母为他请来的私塾先生，往往教了不到三天，就被他气跑了。这天来了位上海先生，博学多才。开学第一天，这顽童就跳到桌子上说："喂，这gáng字怎么写？写得出，教下去；写不出，就滚！"这先生微微一笑说："这么省力的字连乡下人都识得，亏你还问得出口！"于是边说边用毛笔写了个大字。那顽童看后喊了起来："这字我从未见过，是你瞎造出来的！"先生说："不必争论，挂到东高桥头叫大家去识。"那字一贴到桥堍上，围看的人都挤上来说："这个gáng字？"实际上大家都不认识，说的是"这是啥字"。那顽童在一旁听见人们的读音，以为此字果然读gáng，心里十分佩服这位先生。从此以后，他安心学习，不再顽皮了。事后，这位先生告诉人们：gáng字是石门方言，并无此字，只因要使小顽童服帖，灵机一动，才写了个"石门白"（石字旁门里一个白）的字，造出了这个gáng字。

二、民间故事

民间故事是由劳动人民创作并传播的、具有虚构成分的、散文形式的口头文学作品。它的题材广泛而又充满想象。

桐乡地区的民间故事有很多，主要以神话传说为主。比如"神鸟造地"的神话故事，说的是很久以前，桐乡这里是一片汪洋大海，观音菩萨身边的一只神鸟从西天衔来一把泥，放在大海里一条鳌鱼的背上。后来这泥越变越大，形成了广袤的大地。鳌鱼则被压在地底下。鳌鱼如果动一下，就会引发地动山摇。

又如"白马化蚕"的神话，说的是桐乡人所养的蚕宝宝是一位姑娘和一匹白马结合之后由天神点化而成的，所以蚕神称作马鸣王。这些神话故事，其实都跟古人崇拜天地万物及神灵的习俗密切相关。

此外，还有反映人们对帝王、侠客以及地方先贤崇拜与信仰的人物传说故事。比如桐乡流传的关于武则天、赵匡胤、朱元璋、乾隆帝，以及吕纯阳、吕留良、张杨园等的传说，内容大多是颂扬这些人的聪明才智，武艺超群，不畏强暴，关爱民众，表现了对他们的崇敬之情。

还有体现桐乡民众对自己所处地理环境认知与理解的故事。譬如"凤凰之家"的传说，讲的是到桐乡之名的源流及其丰富的文化内涵。"白马塘""姐妹双桥""福严寺"等有关山河、桥梁、庙宇的传说，则反映了当地劳动人民的聪明才智和对美好生活的追求。

三、民间歌谣

民间歌谣源于老百姓的口头创作，反映了民众生活的各个方面，包含着民风、民情、民意。流传于桐乡的民间歌谣，包括劳动歌、蚕歌、时政歌、仪式歌、生活歌、儿歌等多种类型。

劳动歌产生于劳动中，又是在劳动中歌唱。不同的劳动方式和自然环境，形成了不同风格的劳动歌。譬如桐乡民间流传较广的《老长工》民歌唱道：

梅花开来正月中，呒柴呒米手头穷。
上欠皇粮下欠债，走投无路当长工。
……
桃花开来三月中，清明时节闹丛丛。
千万人头游舍山，长工垦田呒不空。
……
鸡冠花开七月中，车水灌田真苦痛。
火热太阳当头晒，田里呒水骂长工。
……
腊梅花开十二月中，杀猪宰羊闹丛丛，
长工一年忙到头，打好年糕歇长工。
东家鱼肉来过年，长工双手空空回家中。

在旧社会，大量耕地掌握在地主手中，无田或少田的农民只能到地主家中打长工，但一年忙到头，依然是两手空空。这首民歌正是长工们发自内心的控诉。

时政歌如《户长嚎啕大哭》：

乡长买田造屋，保长吃鱼吃肉。
甲长上南落北，户长嚎啕大哭。

这首针砭时弊的时政歌，是当时社会的真实写照。户长这一社会最底层的一家之长，被逼得走投无路，只能嚎啕大哭。歌谣表达了贫苦农民的无奈和愤懑之情。中华人民共和国成立后，人民翻身当家做了主人，自豪感、幸福感油然而生。二十世纪五十年代，产生了许多新民歌，反映了农民对社会主义新生活的憧憬。譬如《农村新景》：

> 点灯不用油，犁田不用牛。
> 河里"蓬蓬蓬"，田里出烟囱。
> 出门汽车送，开会麦克风。

歌谣运用了"借代"的修辞手段，"河里'蓬蓬蓬'"，是指使用抽水机，"田里出烟囱"是指使用拖拉机，表达了人民群众对社会主义新农村以及未来新生活的美好憧憬。

桐乡蚕歌是蚕农生活的形象反映。蚕歌在反映蚕农生活方面范围相当广泛。从衣食住行到婚丧嫁娶，无所不及。因为蚕农的生活方式与一般农家有所不同，因此蚕歌所表现的内容便有其独特之处。如蚕农家嫁女儿，要陪嫁一对带根的竹子到夫家种上，预祝新娘将来养蚕收成会像竹子一样节节高，故有民歌《蚕花竹》：

> 蚕花竹，长又长，新郎新娘配鸳鸯。
> 蚕花竹，枝叶茂，新郎新娘头碰头。
> 蚕花竹，捎得平，新人生活似蜜甜。
> 蚕花竹，坚又挺，新郎新娘亲又亲。
> 蚕花竹，节节高，一年生下胖宝宝。
> 蚕花竹，种得深，多根多笋多子孙。

下面这首《花蚕谣》，从蚕种孵化到收蚁，从饲叶到上山，从采茧到卖丝，整个养蚕过程基本都包含在里面了：

> 清明一过谷雨来，谷雨两边要看蚕。
> 当家娘娘有主意，蚕种包好轻轻放在被里面。
> 隔了三天看一看，布子上面绿茵茵。
> 当家娘娘手段好，鹅毛轻轻掸介掸。
> 快刀切叶金丝片，引出乌娘千千万。
> 头眠眠得崭崭齐，二眠眠得齐崭崭。
> 火柿开出花捉"出火"，楝树开花捉大眠。
> ……

生活歌反映的是人们日常生活中真实的风土人情，尤以表现农民和妇女生活为主。旧时，由于封建包办婚姻和童养媳陋俗的存在，广大劳动妇女受尽了苦难。《养媳妇真叫苦》这首民歌对童养媳的痛苦作了深刻反映：

> 养媳妇，真叫苦，摇纱摇到半夜多，肚里实在饿勿过，开开厨门吃口冷菜卤。阿婆骂伊偷吃肝油夹萝卜，"彭荡彭荡"三钎步，想想真叫苦勿过，开开后门去投河。……

民众的日常生活本来就跟风俗习惯紧密相连，譬如《十二月风俗歌》：

> 正月踢毽子，二月放鹞子，三月清明做团子，四月养蚕采茧子，五月端午裹粽子，六月里买把花扇子，七月里吃莲子，八

月里剥瓜子，九月里造房子，十月里对帖子，十一月里借顶花轿子，十二月里"咪哩叭喇"讨娘子。

又如《习俗歌》：

> 年初一，长辈面前拜个揖。二月二，吃个萝卜解油腻。
> 三月三，要吃鲈鱼上河滩。四月四，搭起硬灶忙做丝。
> 五月五，家家门前荡菖蒲。六月六，猫狗众牲澡个浴。
> 七月七，新麦馄饨真好吃。八月八，海宁塘上等潮发。
> 九月九，新白糯米酿桌菊花酒。十月朝，姐妹相会在今朝。
> 十一月里正冬至。大年底，叫化子冻煞一大堆。

以上两首仪式歌，将人们全年十二个月中的习俗风尚，通过民歌的形式充分地表达了出来。

四、谜语、谚语、俗语、歇后语

在口头文学中，除了民间故事、民间歌谣外，还有谜语、谚语、俗语、歇后语等言简意深的文学样式。

谜语古称瘦辞、隐语，是我国独有的富有民族风格的一种文艺形式。它以隐着谜底的韵语或短句作谜面，让猜谜者通过联想分析解开谜面，猜出谜底。桐乡谜语以猜"外婆家"的物品为多，用随问随答的形式启迪孩子的智慧，培养其推理判断能力。如谜面"外婆啦厢屋当中一个井，小囡立沃（下）没头颈"，谜底是"立囤"。又如"望过去乌腾腾，走过去青藤藤，敲开花墙门，个个姑娘穿红裙"，谜底是"石榴"。

有两则蚕谜（又是童谣），谜底是蚕宝宝：

一物生来有点怪，自己死了自己埋。
不要亲友来吊孝，不要儿女买棺材。

一物生来姐妹多，既无弟弟也无哥。
一生吃睡熬辛苦，转世才能配丈夫。

节日里猜灯谜也是民间的传统习俗。猜桐乡地名的灯谜如"选种"，谜底是"留良"；又如"黑夜都市"，谜底是"乌镇"。这些谜语的构思都很巧妙。

谚语是一种富有哲理性和经验性的语句，涉及生产、生活、气象、风物等各个方面。在桐乡农村流传着这样的话："茄子不开虚花，谚语都是实话。"比如桐乡地区关于农桑生产的谚语："蕰草夹河泥，桑树胀破皮。"自古以来，桐乡农民就总结出经验：河泥是桑地的最佳肥料。蕰草是生长在河底的一种水草（又名金鱼藻）。茅盾的短篇小说《水藻行》中就有蕰草夹河泥的描述：两个农家汉子财喜和秀生在河港里打蕰草，"他们都站在船头上了，一边一个，都张开夹子（打蕰草的农具），向厚实实的蕰草堆里刺下去，然后闭了夹子，用力绞着，一拖，举将起来，连河泥带蕰草，都扔到船肚里去"。这种夹拌在河泥里的蕰草腐烂后肥效更佳，施用蕰草夹河泥的桑树长势旺盛，树干粗壮得连树皮都要胀破了，形容其肥效之好，十分贴切。又如"小满动三车，谷雨两边蚕"，是农民掌握种田养蚕时节的重要依据。"春东风，雨祖宗；夏东风，日头暖烘烘；秋东风，晒死河底老虾公；冬东风，雪花白蒙蒙。"这是桐乡流传很广的气象谚语。

俗语、歇后语等也都是具体、生动、表现力很强的话语。譬如俗语"芽麦塌饼两面煤"，比喻两面受责，日子难过。"夹蚌炒螺蛳"，比喻夹杂其中不受欢迎。歇后语"潮烟管打鸟——勿像枪（腔）"，比喻做事不成体统。"四大金刚摇橹——大推悬板"，比喻差别很大。桐乡各镇既有寺庙也有道观，所以"一家勿知一家事，和尚勿懂道家事"，比喻隔行如隔山，各有各的门道。

总的来说，桐乡方言含蓄委婉，别具韵味。乡谚俗语则充满了民间智慧、幽默和情趣，以及百姓的价值观念和处世信条。而民歌民谣都是以桐乡土话为主，方言土语的"好"，就在于它根植于地方文化沃土、浸润于民间生活之中。

一方水土养育一方人，一方水土炼成一方话语。

民间游艺

民间游艺，顾名思义就是娱乐、游玩，也就是通过一定的活动或手段，满足人们的视听和身心需求，实现愉心悦目的一切精神文化活动，包括各种游戏、杂技、歌舞和体育竞技活动等。

桐乡的游艺活动形式多样，内容丰富，从日常的少儿游戏到有明显竞技性质的赛力、赛技比赛，从不拘场地的即兴戏耍到丰富多变的程式表演，无不包罗其中。这些活动寄托着运河两岸百姓的精神追求和对美好生活的向往，也是一种传统习俗风尚。

旧时，桐乡流传的民间游艺活动有数十种之多，如踢毽子、放风筝、看拉洋片、拍皮球、抽陀螺、绷花线、滚铜板、打弹子、滚铁环、竹蜻蜓、捉七、舀蚌壳、挑香棒、折纸、跳皮筋、扳手腕、翻筋斗、老鹰抓小鸡、斗蟋蟀、跳绳、丢手帕、翻纸片、过家家、捉迷藏、斗草、套圈、各类棋艺，等等。这些活动大多需要集体参与，共同娱乐，充分体现了一种团结友爱、相亲和谐的良好风尚。现选择几种详加介绍。

一、放风筝

风筝在古代称纸鸢，最初是军事活动中用于传递信息的工具，

放风筝 / 李群力摄

相传为汉初韩信所创。它以细竹为骨，用纸粘贴成鸟的形状，故称纸鸢。五代时，人们在纸鸢上系竹哨，风入竹哨，声如筝鸣，故又称风筝。后来放风筝逐步发展成一种游艺活动，深受儿童的喜爱。清代高鼎的《村居》"草长莺飞二月天，拂堤杨柳醉春烟。儿童散学归来早，忙趁东风放纸鸢"，将早春之际儿童放风筝的情景描绘得活灵活现。

桐乡自古就有放风筝的习俗。《光绪桐乡县志》卷二《疆域下·风俗》载："是月（二月），儿童竞放纸鸢，谚云：杨柳青，放风筝。"桐乡人称风筝为鹞子，民间有"正月踢毽子，二月放鹞子，三月清明做团子……"之语。沈涛《幽湖百咏》云："二月风筝到日边，翠华南幸过秋千。儿童也识尊亲意，天子曾经祝万年。"诗中的秋千是指张窑渡北的秋千泾，据说康熙帝某年南巡，经过北塘陡门时，一位儿童以"天子万年"四字扎成风筝放飞。

丰子恺在随笔《王囡囡》中云："我从王囡囡学得种种玩艺。第一是钓鱼，他给我做钓竿，弯钓钩，……其次是摆擂台，……又次是放纸鸢。做纸鸢，他不擅长，要请教我。他出钱买纸、买绳，我出力糊纸鸢，糊好后到姚家坟去放。"

丰子恺的漫画作品多涉及风筝。《忙趁东风放纸鸢》描绘江南春日，草长莺飞，杨柳拂堤，一只蝴蝶风筝，正随着东风，扶摇直上。两名学生，佩戴红领巾，手持风筝线，不远处的草地上，一女孩举手称赞。此作品构图简洁，线条寥寥，设色雅淡，朴实无华，意味深远。《都会之春》则以风筝暗示春天。《汉皋春望》创作于抗战初期的武汉，风筝上的字是"胜利""和平"，作者以简洁的笔墨，深刻地表达了饱受日寇侵略的中国人民盼望胜利与和平的美好心愿。

风筝的品种很多，有燕子鹞、蝴蝶鹞、老鹰鹞、百脚（蜈蚣）鹞等。风筝竞技主要比谁的风筝扎得好，放得高，是一项很有意义的活动。2009年，风筝制作技艺被列入第三批嘉兴市非物质文化遗产代表性项目名录。

二、竹蜻蜓

竹蜻蜓是我国古代的一大发明。其外形呈T字，横的一片像螺旋桨，当中有一个小孔，其中插一根笔直的竹棍子。玩时，双手一搓竹棍子，然后手一松，竹蜻蜓就会飞上天空。旋转好一会儿，才会落下来。这种简单而神奇的玩具，曾令西方传教士惊叹不已，将其称为"中国螺旋"。二十世纪三十年代，德国人根据"中国螺旋"的形状和原理发明了直升机的螺旋桨。今乌镇竹编制作的竹蜻蜓，展翅欲飞，活灵活现，深受人们喜爱。

三、斗草

斗草又称"斗百草"，是古代流行于女孩子中的一种游戏，最初起源已无处可寻，最早的记载见于梁代宗懔的《荆楚岁时记》："五月五日谓之浴兰节。荆楚人并踏百草，又有斗百草之戏。"由此可见，斗草游戏最初属于端午时的民俗。唐代以后，斗百草愈渐成为妇女和孩童的玩意儿，时间上也不局限于端午，春社及清明时也有斗草活动。宋代晏殊的《破阵子·春景》云："燕子来时新社，梨花落后清明。池上碧苔三四点，叶底黄鹂一两声，日长飞絮轻。 巧笑东邻女伴，采桑径里逢迎。疑怪昨宵春梦好，元是今朝斗草赢，笑从双脸生。"中国台湾曾于1992年发行"童玩邮票"4枚，分别是踩铁罐、筷子枪、滚铁环、斗草。这些具有中国乡土气息的玩具，对于年龄稍大的人来说是十分熟悉的，而对于现代的儿童来说，别说见过，可能连听都没听说过，不能不说是一件令人遗憾的事。

踢毽子 / 乌镇旅游公司供图

跳绳 / 乌镇旅游公司供图

四、踢毽子

踢毽子起源于汉代，盛行于南北朝和隋唐时期，至今已有两千多年的历史，是中国民间体育活动之一。毽子的制作方法简单，只需用一小块布，包上一枚铜钱和一小截下端剪成十字形开口的鹅毛管子，用针线缝牢，成为底座，再在未剪开的鹅毛管子上端插上七八根鸡毛，就做成了。

毽子的玩法很多，有踢、挑、拐、顶等；可以单人玩，也可以双人和多人玩；可以计数论胜负，也可以按完成套路的多少论胜负。踢毽子是一项简单易行的健身活动，深受人们的喜爱。

五、烧地藏香和挑香棒

旧时，儿童的玩具极少，大多为自制的简易玩具。每年农历七月三十，桐乡民间有插地藏香的习俗，几乎全民参与。传说这一天是地藏王菩萨的生日，家家户户在天一黑时，就点上一大把地藏香，插在门口阶沿的地上、石缝里或桥洞的石隙里。据说这一习俗源于人们对元末农民起义军张士诚的怀念。因张士诚乳名叫"九四"，所以又叫"烧九四香"，"九四"与"狗屎"谐音，天长日久，"烧九四香"就喊成了"烧狗屎香"，听起来有点不雅。这一晚，孩子们会闹到深夜。第二天一早，孩子们还有一次玩兴，就是收集地藏香的小竹棒，用来编"篱笆"，或玩"挑筋"（即"挑香棒"）等游戏。

挑香棒的玩法，类似于后来孩童们的游戏棒。三四个孩子凑在一起，每人拿出数根香棒，然后比较各人拿出的香棒数量，拿出数量最多的人先玩。先玩的人把各人拿出的香棒合在一起，抓在手心中，松手让香棒散开，然后手持一根香棒去挑取散开的一根根香棒，先挑最

七月三十日插地藏香 / 徐建荣摄

跳蚤花杆 / 乌镇旅游公司供图

顶上的或容易挑取的香棒，挑的时候不能碰到其他的香棒，挑得的归自己；如不小心碰动了其他香棒，则由下一位接着挑，直至全部取完为止。

六、看拉洋片

拉洋片是传统民间艺术，也是中国最早的街头"电影"，曾经给老一辈人带来了无限欢乐。旧时，乌镇修真观广场上，每逢年节，都会有各种点心小吃摊和儿童玩具地摊，也常有外地来的游艺团体来此表演，如魔术、武术、杂耍、拉洋片等。茅盾在其小说中多次提到他儿时玩的游戏，其中也有看拉洋片（文中称"西洋镜"）。

拉洋片使用的道具是一个两米高、一米宽的大木箱，下半部正面开两个直径两至三厘米的圆孔，两个侧面各开一个，俗称"四开门"，也有多至"八开门"的。孔上安装凸透镜，内用布帘遮挡。

木箱顶上安有锣和鼓，由一根小绳控制，艺人一拉小绳，锣鼓就"咚咚锵"地敲打起来。箱内上部装有圆框和滑轮，通过绳索带动绘有各式内容的画框上下起降、替换，观者透过装有凸透镜的圆孔观看箱内的画片。艺人站在木箱侧面，一边控制乐器和画片，一边演唱与所放图片内容相关的唱词，唱词合辙押韵，唱腔张弛有度，音调抑扬顿挫，再加上锣鼓声，热闹非凡。一般是每八片一场，每个看客收费二三个铜板。洋片的内容，大致分为风景画和故事画两类，风景主要是供人们"看新鲜"，故事则是让人们"看热闹"。

七、丢手绢

丢手绢（又叫丢手帕）是我国传统的民间儿童游戏。游戏开始前，准备一块手绢，然后大家推选一个丢手绢的人，其余的人围成一个大圆圈并蹲下。游戏开始后，丢手绢的人沿着圆圈外行走，在不知不觉中将手绢丢在其中一人的身后。被丢了手绢的人要及时发现并拿起自己身后的手绢，然后迅速起身追逐丢手绢的人，丢手绢的人沿着圆圈奔跑，跑到被丢手绢的人的位置时蹲下，就算安全；如中途被抓住，则丢手绢的人要表演一个节目。丢手绢的歌谣人人会唱："丢手绢、丢手绢，轻轻地放在小朋友的后面，大家不要告诉他。快点快点捉住他，快点快点捉住他。"

改革开放后，桐乡民间的游艺活动呈现出多样化的趋势，出现了像台球、保龄球、卡拉OK、健美操、瑜伽、街舞等新式游艺活动，既可休闲娱乐，又能促进身心健康，深受老百姓的喜爱。

2002年7月，乌镇景区举办了首届中国桐乡乌镇水乡童玩艺术节，许多孩提时代的游艺活动，如滚铁环、捉七、抽贱骨头（抽陀螺）、拉洋片、射水枪、旋糖盘、挑香棒、觅蚬壳等重现于游客面前。2015年，乌镇童玩被列入第五批嘉兴市非物质文化遗产代表性项目名录。

四时风物

长街宴 / 李力群摄

桐乡地区物产丰富，饮食种类繁多。两宋之际，北方世家大族多渡江而南，带来了中原文化，桐乡美食也融合了中原风味。这些经过蒸煮炸炒而成的美食，或是饭桌上的大餐，或是街头巷尾的小吃，体现了运河沿岸桐乡百姓的生活气息和人间烟火味道。

一、阿能面

《（康熙）乌青文献》卷二《街巷》记载："印家巷，在常丰桥北塊入东，今呼南街。按《记》云：'内有殷郎食店，夏卖银叶拨刀，京浙称赏。'"文中的《记》指的是宋末元初沈平编纂的《乌青记》（已佚）。桐乡是鱼米之乡，稻米是这里的主要农作物。在南宋时，北方大量人口迁到江南地区，带来了面食。拨刀面，即刀拨面，是山西的特色小吃。靠一碗银叶拨刀面打遍京师，可见南宋时乌青镇人烧面的本事。

历史的车轮驶入20世纪，面的味道早已渗入桐乡百姓的味蕾。街头巷尾，随处可见各类面店。桐乡人对于面情有独钟，开创出"小锅模式"，讲究"一次一锅，一锅一味"，每一碗面都是现烧现炒，将桐乡面的特色体现得淋漓尽致。

桐乡面中最具代表性的就是阿能面。1996年，庄冠能夫妇在桐乡市区邵家桥边，用简易棚搭建起小面摊，所煮面条独特——由小锅烹制，浓油赤酱，汤紧，味甜，料鲜，面细而硬，既有韧性，又有嚼劲。十数年间，夫妇二人就把自家面的香味散发至整个杭嘉湖地区，成了一个街知巷闻的名字，更成了一张香气四溢的桐乡美食名片。庄冠能先后收徒近百人，他们学成之后，都以"阿能面店""阿能徒弟面店"甚至"正宗阿能面""桐乡阿能面"等为招牌。如今，阿能面研制出百余个品种，精工细作，鲜浓味美。来桐乡，如果不吃一碗阿能面，就不能算是到过桐乡。

二、红烧羊肉

桐乡羊肉带皮烧，远近闻名。所取湖羊为当年的小公羊。以前，蚕农只养春蚕，入秋后，乡人把桑叶采下晒干后贮存，待冬天无草时，用枯桑叶喂羊，人称"枯叶羊"，这种羊的肉十分肥美。制作时，将羊肉放入水中，用大火烧开，去浮沫，放入酒、酱油、姜、红枣、辣椒、香料等，继续用猛火烧开，再用小火焖煨，直至羊肉酥软，最后加红糖收膏，关火。此种烧法，羊肉肥而不腻，鲜而不膻，酥烂软糯，入口即化。明代文学家张岱游历乌镇时，特意品尝了羊肉，归后作诗《乌镇羊肉》："羊肉夸乌镇，乳羔用火煨。沈犹朝饮过，贾客夜船来。冻合连刀斫，脂凝带骨开。易牙惟一熟，不必用盐梅。"

三、鳑鲏鱼和白水鱼

桐乡无山，域内河网纵横，水位平稳，落差较小，对鱼类的生长繁殖十分有利。鳑鲏属于小型淡水鱼类，体呈卵圆形，头短，口小，

湖羊美食节 / 乌镇旅游公司供图

白水鱼 / 乌镇旅游公司供图

最大的5厘米左右，常栖息于水流缓慢、水草丰盛的环境中，以水生植物、浮游生物为食。

吃鳑鲏鱼的最佳时节是菜花开时的春天。桐乡本地有"鳑鲏带鳞炖"的说法，因为鳑鲏实在太小，没办法细细收拾，若油炸的话，有时连内脏也不去除。

鳑鲏鱼虽普通——在江南各个水系中均有，甚至是小溪、渠沟中也有它们的踪迹，但它对水质的要求颇高，一旦水质恶化，便无法生存。濮院沈涛的《幽湖百咏》云："树蓬阴里树阴高，十里秧田响桔槔。梅子雨来新水活，鳑鲏鱼上白如刀。"树蓬里是个小村坊，在今濮院镇西南永联村，有西溪曲折环抱，树木繁多，故称树蓬阴里。这一带都是高田，非车水养禾不可。诗中描绘了黄梅时节农人在秧田戽水、捕捉鳑鲏鱼的情景，极富地方生活气息。

桐乡运河水系的河流中，最常见的河鲜有甲鱼、鲫鱼、河蚌、螺蛳、蟹、虾等，而白水鱼为稀有珍品，肉嫩味美。白水鱼捕捞出水即死，但若保存得法，其味不变。元末明初诗人瞿佑的《乌镇酒舍歌》云："入馔白鱼初上网，供庖紫笋乍穿篱。"白水鱼以清蒸为最佳，可尽品其鲜嫩的原味。更有店家将白水鱼轻盐暴腌后再蒸，别有风味。白水鱼虽鲜嫩味美，但刺较多，食用时须小心。

四、河蟹

在桐乡广袤的乡村，无论是河港浜兜，还是水渠水沟，都有蟹生存。桐乡的河蟹，土话叫"毛脚蟹"，青黑色的壳，蟹钳上的金毛又浓又密。乌镇澜溪塘、同福龙王庙一带所产的河蟹尤为肥大，有"青背白肚、金爪黄毛、脂肥膏满"之说，最大的重半斤以上。民国二十五年（1936）重修《乌青镇志》卷二十《土产》载："溪蟹出东西澜溪，稻熟时肥美，霜后者更佳"，"出澜溪者尤肥大而鲜"。每年九月后，乡下人捉了蟹，用稻草绳一只只绑好成串，拎着上街来卖。乡谚云"九雌十雄"，这是指九月的雌蟹有黄，十月的雄蟹有膏，所以吃蟹的最好时段，就在九十月份。

乾隆年间诗人陆世埰的《双溪棹歌》中，有一首反映当时乌镇人吃银鱼和河蟹的诗："太师桥下棹归航，片片银鱼雪满筐。不及澜溪霜后蟹，桃花醋捣紫芽姜。（原注：银鱼出太师桥左右数弓之地。蟹出烂溪，霜后者佳。）"诗中的银鱼是太湖特产，素有盛名，而乌镇北栅太师桥下也产银鱼。桐乡作家钟桂松在《诗里乌镇》一文中这样写道："据说太湖银鱼往南游过南浔，一直游到乌镇北栅的太师桥为止，再也不往南边游了，所以，捕银鱼到太师桥即可。"在诗人陆世埰眼中，这种鲜美白嫩的银鱼却不如乌镇本地产的河蟹。秋风起，烂（澜）溪塘的河蟹也肥了，将姜捣碎后放进醋里作佐料，此种吃法至今不变，味道的确远胜太湖银鱼，可惜"桃花醋"早已失传，只留下一个诗意十足的名称。

五、抱子虾

抱子虾又名"抱籽虾"，就是肚子上有一包籽的河虾。每年五六月份，肉质饱满、鲜甜可口的抱子虾上市，最简单的做法是用盐水煮；或者将籽虾在滚烫的热油中爆透，这时虾壳变得松脆，然后加入香浓的酱油和白糖，浓油赤酱的味道渗透在鲜美的虾肉里，便有了极致的味道。《光绪桐乡县志》卷七《食货志·物产》载："抱子虾，产濮院者无土气，尤以毛家渡所产为胜。有金梗隐脊间，蚕时出者名'蚕白虾'，其味尤鲜。"

六、濮院芙蓉蛋

芙蓉蛋这道美食为濮院独有。一般的水炖蛋以鸡蛋为主，而芙蓉蛋选用鸭蛋，将蛋清和蛋黄分离，反复打匀蛋清（蛋黄不需要），用温鸡汤冲调，蒸煮数分钟即可。刚出锅的蛋羹白净如凝脂，滑嫩如果冻，再用干贝、鸡丝、虾仁、胡萝卜丝、冬笋丝、木耳制成浇头。据说，这是清代翰林、濮院人朱善祥在云南任主考时品尝到的地方菜，因味道鲜美，甘香软滑，并神似绽放的白芙蓉，故名"芙蓉蛋"。芙蓉蛋是濮院酒席上的压轴菜，由年龄最大的老人或德高望重的长辈亲手端给客人，以示尊重，也有祝福之意。

七、芽麦塌饼

清明节、立夏时吃的芽麦塌饼，是桐乡百姓喜爱的一种传统地方小吃。它的甜、软、糯，主要得益于芽麦，而色、香、味，主要是草头的功劳。制作芽麦塌饼的草头有两种，一种名"白胡子"，因其叶背发白，扯断后会露出胡须状细丝，故名。还有一种名"棉线头草"，散发出缕缕清香，营养丰富。据传，蚕神马鸣王菩萨（或称蚕花娘娘）下凡的时候，曾在农家吃过芽麦塌饼。因此，每年清明时节，芽麦塌饼就成为养蚕人家祭祀马鸣王菩萨的必备供品，也成了农家招待客人、馈赠亲友的上佳食品。人们认为吃了芽麦塌饼，可以使蚕事兴旺，生活甜蜜。

八、馄饨

馄饨作为一种风味小吃，深受百姓喜爱。桐乡地区，无论是镇上

芽麦塌饼 / 谢伟锋摄

还是乡村，每年农历六月初六都有吃馄饨的习俗，因而这一天家家户户都会包馄饨，俗称"六月六，吃口馄饨长块肉"。

民国时期，桐乡各镇都有卖馄饨的小贩，他们挑一副担子，走街串巷卖馄饨，俗称"馄饨担"。馄饨担子用毛竹做成，近一人高，一头是烧着柴的行灶，冒着烟气、水汽，一头是碗具和柴爿，中间一排木橱抽斗，分别存放馄饨皮子、肉馅、蛋丝、紫菜、调味品等。

馄饨好吃，主要凭一锅高汤，汤用鸡架鳝骨吊出，一碧到底。馄饨盛到碗中，撒上葱花，香气扑鼻，令人垂涎欲滴。卖馄饨的人以敲竹梆代替吆喝，竹梆装在馄饨担前，用竹管做成，在竹管中开一条长槽，再用一条细硬木敲打。卖馄饨的人挑着馄饨担子到处走，成了一爿流动的馄饨店，极受百姓欢迎。无论是黄昏，还是深更半夜，只要"笃笃"声一响，食客便闻声而来。尤其是漫漫冬夜，饥肠辘辘的夜归人总要要上一碗馄饨，再舀半匙辣椒末，就着担前摇曳的灯光，"嗤呵嗤呵"地吃。虽然未必能吃饱，但一碗热腾腾的馄饨下肚，至少也暖和了疲惫的身子。

桐乡各镇有些馄饨担比较有特点，像梧桐街上的游家馄饨，不用水煮，而用甑蒸，佐以调料蘸着吃，别有一番风味。梧桐街另有"馄饨老四"王祥茂，江西人，抗战前经人介绍，到东大街的江西菜馆做伙计，因收入有限，没多久便离开菜馆，走街串巷以卖馄饨为生。他的馄饨担结构独特，形状怪异，除抽屉以外全用斑竹做成，整副担子重约八十斤。

九、菱角

桐乡的菱角，形状像一座环洞桥，因此俗称"环桥菱""牛角菱"，通常在白露前后上市。老菱角用水煮熟后，味道更佳。沈涛

《幽湖百咏》云："泛艇南泾水月澄，凤桥湾里挂鱼罾。南湖菱好人争买，何似侬家杜荡菱。"说的是濮院镇南的杜荡菱，味道鲜甜，甚至超过了南湖菱。洲泉的四角红菱上市时，田里的香蜜瓜也刚好熟透。吴曹麟《语溪棹歌》云："白凤鲜菱四角尖，蜜筒瓜熟味还甜。两般风味同船去，为赶香时到福严。"人们将鲜嫩的红菱和香甜的熟瓜同装在一条船内，摇到福严寺去赶香会。

总体而言，桐乡美食的特点是选料精细，取用物料的精华部分；口味鲜咸滑嫩，脆软清爽，注重保留主料的本色和真味；形态讲究清俊秀丽，色彩鲜明。

如今，千年大运河依然在静静地流淌，而那些最质朴的人间烟火气，则汇聚于江南水乡间，激荡出最桐乡的舌尖味道。

人勤地丰话特产

桐乡位于"杭嘉湖"的中心，素有"鱼米之乡、百花地面"的美誉。这里比较知名的特产有稻米、杭白菊、晒红烟、槜李、桐乡辣酱、榨菜以及由蚕丝制成的濮绸等。

一、稻米

桐乡地区土地肥沃，种植稻米的历史悠久。石门镇东北罗家角遗址第三、四文化层出土了较完整的170多粒稻谷（其中籼谷100多粒，粳谷50余粒），经碳14测定，距今七千余年，属于我国迄今发现的最早的人工栽培籼稻和粳稻，也证明中国是世界上最早栽培水稻的国家之一。

桐乡的稻米以单季稻为主，新中国成立后，才推广种植双季稻。茅盾在《西江月》中说："双季稻香洋溢，五茧蚕忙喧阗。"桐乡稻米的品种也很多。明万历二十九年（1601）李乐修纂的《乌青志》中，记载了当时乌镇的水稻品种，如金城糯、赶冬春、雁来枯、江西籼、野鸡斑、赤须稻、黄龙稻、黄粳稻、黄芒稻、蒲子糯、光头糯等。到了清代，又有珠子糯、佛手糯、灶王糯、芝麻糯等。《光绪桐乡县志》卷七《食货志·物产》记载的水稻名称多达四十余个。

如今，桐乡种植的稻米主要有糯米、粳米和籼米三类。糯米的营养价值高，含有丰富的蛋白质、微量元素等，又因其独特的黏性，常用于制作特色小吃（如粽子、团子、圆子等）和酿酒。粳米生长周期长，为一年一熟，含有多种营养及微量元素，用来煮粥特别补身体。百姓平时多食用粳米。籼米生长期较短，一年有多次成熟期，其淀粉含量高，营养丰富，以前婴儿吃的米粉多用籼米磨成。

二、杭白菊

杭白菊具有饮药兼用之功效，素以"杭白贡菊"闻名于世，可分大白菊、小白菊、土菊等。此外还有黄菊花，并有大黄菊、小黄菊之分。

明末清初理学家、农学家、教育家张履祥，桐乡人，学者称其为杨园先生。张履祥于明亡后归居乡里，以课徒为生。讲学余暇，他"岁耕田十余亩，草履箬笠"，在艺谷、栽桑、育蚕、畜牧、种菜等诸多方面积累了丰富的生产经验。所著《补农书》，大至治地，小至编篱，及养鱼酿酒，凡农家事，精粗毕载，为世所推重。书中除了记述桐乡一带水稻、小麦、豆类等粮食作物外，还对麻、桑、菊等经济作物，特别是菊花进行了详细记载："甘菊性甘温，久服最有益。古人春食苗，夏食叶，秋食英，冬食根，有以也。每地棱头种一二枝，取其花，可以减茶叶之半。茶性苦寒，与甘菊同泡，有相济之用。……黄白二种，白者为胜。"杨园先生是最早记载桐乡杭白菊的人，《补农书》是最早记载杭白菊的文献典籍。

杭白菊花瓣洁白如玉，花蕊色泽金黄，朵大肉厚，香浓味甘，虽然冠以"杭"字，但桐乡才是其原产地，被誉为"中国杭白菊之乡"。桐乡杭白菊以清热解毒、润喉生津、平肝明目之功效，以及色香味形"四绝"，成为饮用菊之佳品，声名远播，内销上海、南京、

石门菊海 / 徐建荣摄

田野菊海／李渭钫摄

广州、汉口、天津等商埠，外销南洋等地。民国二十年（1931），在浙江省建设厅举办的农产品展览会上，杭白菊获甲级产品称号。当时桐乡县城有茶菊庄20多家，掌柜的大多为徽州人，质量好的菊花，每担市价可卖到70元左右。2002年，桐乡杭白菊获得国家原产地域产品保护。2008年，桐乡杭白菊获得中国国家地理标志产品保护。

三、晒红烟

桐乡晒红烟为全国著名晒烟之一，也是中国传统出口商品之一。

晒红烟具有颜色红亮、组织细密、质地柔韧、香味浓郁等特点。其栽培历史悠久，明万历年间，桐乡已开始栽种烟叶。清康熙年间，桐乡大面积种植烟叶，成为全国主要烟叶产地。至雍正、乾隆年间，桐乡晒红烟已成为全国名烟。《光绪桐乡县志》卷七《食货志·物产》载："烟叶，产于县之南乡，而北乡则无之。乡人种此者，利与桑麻相埒，故濮、屠两镇厘税，以此为大宗。有伏烟、秋烟、顶烟、脚烟等名。每夏秋间，远商来集，烟市极盛。"宣统三年（1911），桐乡晒红烟开始打入国际市场。民国时期，桐乡、崇德两县收购烟叶的商行有94家。民国七年（1918），桐乡晒红烟在巴拿马烟叶赛会上获一等奖。民国十五年（1926）9月23日《申报》载："浙省新旧烟叶之概况：桐乡旧叶尚多，石门、乌镇无几。……浙省产烟以桐乡县属第一，年来出产更旺，价值比前更高，兹将二十年来之概况述如下。桐乡县产烟区域，以东门外最广，以范家荡附近为最佳，名范顶烟。此外如濮院镇、屠甸镇，稻户、烟行、囤家、贩家亦颇不少。又如灵安镇、高家湾、南北石灰桥、南北亭子桥、赵家村、淡竹园、城隍庙等小镇村庄，佃户、行家随处均有。更如炉头镇、戚家堰出产亦多，地土宜于烟叶，东郊北郭，西畴南亩，村落远近，烟户稠密，地利得

晒红烟 / 金卫其摄

宜，年旺一年，此其缘故也……"桐乡东门外至永兴港的范家埭一带的烟叶，称"范烟（即范顶烟）"，叶大如扇，故有"蒲扇种"的美誉。其叶片较厚，色泽红亮，质地柔韧，油分丰润，在众多烟叶品种中属上乘。1936年，桐乡晒红烟产量为7万余担，出口2.16万担。1996年版《桐乡县志》第八编《农业》载："烟叶主要远销埃及、马里、几内亚、科威特、德国、菲律宾等国家及港、澳地区，其次销往辽宁、黑龙江、广东、福建等省。"

桐乡人在清明过后就开始种植晒红烟，盛夏时收获。此时，乡村路口、屋前场地，都是满满的"烟帘"——一种用竹篾编成的专用于晒烟叶的农具。等烟叶晒干以后，卖给收购商。

晒红烟是一种种植时间短、收效快的土特产。这种烟除了作雪茄包皮、雪茄芯叶和土烟丝的原料外，还用于混合型卷烟的配料。但是，大多桐乡人却不抽晒红烟，大概是因为其味道太辣、太冲，和桐乡人的脾气性格不太符合。

2015年，桐乡晒红烟加工（刨烟）技艺被列入第五批嘉兴市非物质文化遗产代表性项目名录。

四、槜李

槜李又名醉李，已有两千五百多年的历史，春秋时期就被列为贡品。其果形扁圆，成熟后果面为紫红色，密缀果点，外披果粉。果肉呈淡橙色，肉质细密，鲜甜清香，熟后化浆，浆液盈溢，风味独特。

清咸丰年间，嘉兴人王逢辰著有《槜李谱》，其中载："有西施爪痕于面，粗细长短不一，至今犹存。……朱竹垞太史《鸳鸯湖棹歌》云：'闻说西施曾一掐，至今颗颗爪痕添。'"说的是槜李果的顶部常有一条似指甲刻下的裂痕，传说是西施留下的指痕。这一美好

桐乡槜李 / 桐乡市摄影家协会供图

传说，也让桐乡人对槜李多了一份情意。1937年，屠甸朱梦仙重修《槜李谱》，评价道："其香如醴，其甘逾蜜，虽葡萄荔枝，未足以方其美……"又说："产李之中心区，曰槜李乡。……里中所产之李，甘美绝伦，世罕其匹，即名槜李。"

由于水土的关系，槜李的种植区域受到限制，产量很少。桐乡大运河沿岸最适宜栽种槜李的地方，是桐乡县城东南十余里的桃园村一带，因此今天的梧桐街道桃园村素有"槜李之乡"的美誉。宣统年间（1909—1911），桃园村家家种植槜李，优质品种有潘园李、蜜李、夫人李、红美人、白美人、黄姑李、紫粉李等。

槜李是独属于桐乡的味道，它是美食，更蕴含着深厚的地域文化。如今，历经两千五百多年的历史传承，小小的槜李依然保持着最初的光鲜，传播着风雅桐乡的盛名。

五、桐乡辣酱

桐乡辣酱距今已有三百多年的历史，与杭白菊、槜李等齐名，具有鲜、辣、香、糯、甜五大特点。它选料考究，配方合理，制作精细，以上口鲜美、细腻糯和、咸中带甜、甜中带辣、辣而无腥，驰名于嘉杭湖及上海、北京等地，为酱中之珍品，百姓称其为"甜辣酱"。

据传，有一年乾隆皇帝下江南来到桐乡地界，他身穿便服入乡察访，来到一户农家。时值中午，农家正在准备午餐。农妇十分好客，留乾隆一起吃饭，以浇有甜辣酱的菠菜烧豆腐等家常菜款待他。乾隆吃惯了山珍海味，一尝这道菠菜烧豆腐，甜滋滋、辣乎乎的，味道好极了。他边吃边兴致勃勃地打听这道菜的名称，农妇回答道："这菜是我家祖传的，名叫'红嘴绿鹦哥，金镶白玉嵌'。"乾隆一看，菠菜红根绿叶，油里煎过的豆腐，黄中透白，跟名称倒也相称。他又问："此菜为何如此鲜美？"农妇答道："你不见这菜上浇了一层红浆吗，这叫'玛瑙红浆盖'。"乾隆听后觉得这道菜既味美又富诗意，连连称赞。回到京城后，他念念不忘这道从未吃过的佳肴，于是命御厨也烧一道"红嘴绿鹦哥，金镶白玉嵌"的菜。这下可把御厨难住了。后来御厨从侍从那里打听到，原来这是一道菠菜烧豆腐的家常菜。待御厨烧好后，乾隆一尝，觉得味道不鲜，说还少了"玛瑙红浆盖"。御厨再一打听，才知这是桐乡出产的甜辣酱。御厨将此事禀告乾隆皇帝后，乾隆马上传旨叫桐乡进贡甜辣酱。从那时起，桐乡甜辣酱便成了"贡品"。

《光绪桐乡县志》卷七《食货志·物产》载："辣酱，出桐乡城中。初造酱时，将辣茄用麻油煎沸，磨碎筛匀，杂于面内，故得味。向以黄景山家所制为胜。"后来，桐乡县城南门直街中段又有黄长盛酱园、利盛酱园等，店家采用当年新面粉和三年以上陈油辣末为主料，添加适量麻油、花椒等，用石磨碾磨而成辣酱，深受百姓欢迎。民国四年（1915）1月16日《申报》还刊登了桐乡黄长盛辣酱的销售广告：桐乡南门内精制辣酱脍炙人口，已历百年余载之久。每届冬令，远方顾客虽皆捆载而去，而总以交通不便为憾。兹特分运到沪，并添造料瓶，装置精雅，以便顾客携带，并足备官商送礼之用，价廉物美，想各界诸君必有争先尝试之快。……桐乡黄长盛主人谨告。批兑处：闸北恒丰路中市万盛酱号。分售处：英大马路万康酱园、南市万春酱园。

民国二十二年（1933），丁永大酱园在星桥弄新建作坊，扩大生产规模，不断听取客户的意见，认真总结经验，提高辣酱品质，提升了自己的名牌。丁永大酱园生产的桐乡辣酱，一律用陶罐包装。陶罐由宜兴窑厂特制，外底烧印"桐乡辣酱"四个字，分半斤装、一斤装、两斤装三种规格，均为敞口圆柱形。辣酱装进罐内，罐口先罩一张油光纸，再覆一张招牌纸，然后用双色纸线沿罐口螺纹扎牢捻紧，不打结。油光纸有防渗的作用；招牌纸为正方形，分红、绿、橙、黄四种颜色，中间都盖有黑色粗圈粗体字圆章，写的是"桐乡丁永大酱园出品"，既美观，又具宣传功能。其中以红色招牌纸并用红白双股纸线扎口的甜辣酱名气最响，销量最大。寻常人家的餐桌上，桐乡辣酱是必不可少的，它早已融入桐乡百姓的味蕾中。

2019年，"桐乡辣酱"酿造技艺被列入第六批嘉兴市非物质文化遗产代表性项目名录。

六、桐乡榨菜

桐乡榨菜于民国时期由四川涪陵引入种植。日本汉学家青木正儿撰写的《中华腌菜谱·榨菜》（周作人译）云："我最先尝到的，是北京叫作榨菜的东西。上海称他作四川萝卜，所以这似乎是四川的名物，可也不是萝卜，乃是一种绿色的不规则形状的野菜，用盐腌的。正如其名字所说，是经过压榨，咬去很是松脆，掺着青椒末什么，有点儿辣，实在是俏皮的。"

经多年栽培，榨菜成为桐乡传统名优农产品。同时，桐乡榨菜加工工艺也在不断改进。如今，采用榨菜成形排卤加工工艺制作的榨菜，有片、丝、丁多个品种的小包装，携带方便，开袋即食，保质期长，更以其鲜、香、脆、嫩的独特风味而芳名远播。

2008年，榨菜传统制作技艺（桐乡榨菜传统制作技艺）被列入第二批嘉兴市非物质文化遗产代表性项目名录。

七、濮绸

濮绸是桐乡濮院出产的传统丝绸产品，是我国历史上著名的丝绸品种之一，有天下第一绸之称。濮绸发轫于宋元，盛行于明清，日出万匹，依托运河水系外销各地，名扬海内外，由此成就了濮院"嘉禾一巨镇"的美名。清《（雍正）浙江通志》记载："嘉锦之名颇著而实不称，惟濮院所产纺绸，练丝熟净，组织亦工。"

据明《濮川志略》记载，南宋淳熙以后，濮氏经营蚕织，轻纨纤素，日工日多。明清时期，蚕桑业受到朝廷的格外重视，桐乡农民种桑养蚕仅次于种植水稻，几乎达到家家植桑、户户养蚕的地步。种桑养蚕规模的扩大，促进了濮绸的进一步发展。从此，濮院居民"以机为天，以梭为禾"，精于织造，织出了闻名海内外的濮绸。沈涛《幽湖百咏》云："语儿桥下女儿家，南北苏家尽浣纱。"语儿桥在濮院镇，这里家家户户种桑养蚕，浣纱织绸。"绸市原称永乐乡，万家烟火尽机坊。自从番舶通商后，日下镳来百万装。"这首诗描绘了濮院镇上机坊鳞次栉比，丝绸生产呈现出一派繁忙的景象。

濮绸与杭纺、湖绉、菱缎并称江南四大名绸，皇室、官宦、贵族及海外商贾，皆各取所需，竞相购买，成为引领时尚的奢侈品，一时"洛阳纸贵"。在名著《红楼梦》及乾隆年间宫廷名画《姑苏繁华图》等作品中，都有柔滑绚丽的濮绸身影。

2009年，濮绸织造工艺被列入第三批浙江省非物质文化遗产名录。2020年，桐乡成功入选省级蚕桑丝绸文化传承生态保护区创建名单。

桐乡特产种类繁多，体现着桐乡地区独有的人文风情。这些特产，让人产生对家乡的依恋，对家乡亲人的思念，对家乡风光和美食的回味。它承载着一代又一代桐乡人心灵深处最温馨的记忆和最难以割舍的乡愁。

茶食，是指人们在茶余饭后吃的食品，主要为糕饼点心之类。

周作人《再谈南北的点心》云："据我的观察来说，中国南北两路的点心，根本性质上有一个很大的区别。简单地下一句断语，北方的点心是常食的性质，南方的则是闲食。……北方的点心历史古，南方的历史新，古者可能还有唐宋遗制，新的只是明朝中叶吧。点心铺招牌上有常用的两句话，我想借来用在这里，似乎也还适当，北方可以称为'官礼茶食'，南方则是'嘉湖细点'。"

以长江为界，口味通常是"南甜北咸"。杭嘉湖地区的茶食大多讲究精工细做，故又被称作"嘉湖细点"。此地盛产稻米，所以茶食的主料多为糯米和粳米，有时也会用面粉，如做苏式月饼时要用面和油混合揉成油面团（油酥），再嵌上馅子成形。

从文献记载来看，明中叶，南北运河的畅通使桐乡地区经济发达，商业兴盛，米食糕点的制作工艺也因食材的丰富而多样。到了清代，各地的五谷杂粮与干果蜜饯通过运河运至桐乡，进一步丰富了茶食的花样。

以前桐乡的茶食店都是前店后坊，有的还连着住处，且都聘有师傅，自产自销，店主都是行家里手。民国二十五年（1936）重修《乌青镇志》卷二十一《工商》记载了乌镇茶食业的情况："茶食业，吾镇界嘉湖之间，茶点糕饼都仿效嘉湖，全镇茶食业约有数十家。但近年来，麦虽廉而糖则翔贵，此业亦难获利。昔时方天盛营业尚佳，今则吴聚盛、源昌、颐丰为较胜。"2019年，桐乡传统糕点制作技艺被列入第六批嘉兴市非物质文化遗产代表性项目名录。

桐乡本地的茶食可分为季节性、常年性和庆典性三大类。现将主要品种叙述如下：

一、季节性茶食

软糕。软糕有肉馅、白糖馅、细沙馅三种，高三厘米，五厘米见方。制作时，将生粉直接放在蒸架里，加上馅，筛上细米粉，再用篦子划痕，使内馅若隐若现，上蒸笼蒸透即可。考究一点的，会在面上撒些红绿瓜丝、橘皮末。以前春季茶食品种少，软糕是其中之一，现在一年四季都有。张振刚《庵前街纪事》写的是濮院镇的风物，其中《梅三巴糕团店》云："梅三巴不爱说话，他做的肉糕、肉团子替他说。一般糕团店做出来的肉糕、肉团子咬开来，肉馅儿是干巴巴的，三巴做的吃时可要小心，因为肉馅儿裹着卤汤，一不留神，容易烫伤喉咙。"

薄荷糕。软糕落市，初夏将至，薄荷糕上市。其口感清凉爽口。薄荷糕以粳米和糯米粉为主料，掺和薄荷水和白糖。薄荷性凉，可散风热，因此薄荷糕也是药食。薄荷糕的制作方法虽然简单，但薄荷的配比要掌握好。

山楂糕。山楂糕的供应期在端午节前后，原料为山楂、白糖。其味道甜中带酸，入口即化，有消积化滞的功效。

绿豆糕。绿豆能清热解毒，故常在端午节前后供应。制作时，将新绿豆磨成粉，掺入少量糯米粉、白糖，上锅蒸30分钟后冷却，以细沙和猪油作馅，嵌好馅子，再揿入有花纹的印模里成形。脱模后，在面上撒些玫瑰屑，色香味俱佳。桐乡有句俚语"崭货绿豆糕，吃了就掼跤"，说的是其味甜、肥、酥，让人吃了"混淘淘"。

蜜糖糕。蜜糖糕以上白元糯米粉为原料，加上绵白糖、胡桃肉、青梅、红瓜、玫瑰花，蒸煮成方形，再用少许胡桃肉、瓜子仁、青梅、红瓜盖在面上，上面刷上一层蜂蜜。糕呈白玉色，既香又甜又糯，好看又好吃。出售时可根据食客需要现切现卖。因秋天的蜂蜜营养最高，所以蜜糖糕一般在秋季供应。

酥糖。中秋过后，茶食店里开始供应酥糖，一直延续到过年。酥糖分椒盐黑芝麻和玫瑰白芝麻两种，如用猪油拌料，就叫猪油酥糖。北宋苏东坡的《留别廉守》诗曰："小饼如嚼月，中有酥与饴。"诗中的小饼其实就是指酥糖。南宋谈钥的《（嘉泰）吴兴志》卷十八《食用故事》载："乌戍乳酥最佳。"乌戍即乌镇，乳酥就是后来的酥糖。由此可见，南宋时乌镇的茶食就已经很有名气了。桐乡洲泉"金隆茂"重麻酥糖十分有名，其酥屑细腻，香味浓郁，闻名于杭嘉湖地区。

白麻片、黑麻片。白麻片、黑麻片的生产时令与酥糖相同，也是百姓果盘中的必备品。其特点是脆、香、甜而不黏牙。黑麻片比白麻片更有嚼劲。

寸金糖。寸金糖的制作方法是用熬透的饴糖和炒熟的面粉揉和做成皮子，裹上用绵白糖、熟面粉、橘皮、红绿瓜丝做成的馅，卷成手指粗细的筒状，拌上白芝麻，用刀切成两厘米左右的小段。寸金糖寓意称心如意，甜甜蜜蜜，是新年必备的茶食。晚清徽籍人詹鸣铎曾在石门镇生活，他的《我之小史》第三回载："我有一次，至接待寺误吃凉粉，次早如厕十余次，尤为苦痛。……按德昌隆木号，在南皋桥，离街不远，我上街游玩，每到接待寺走走，看人卖梨胶（膏）

酥糖制作 / 乌镇旅游公司供图

糖。父亲每月给我另用钱二百文，剃头、洗衣以外，无多浪费，不过吃吃豆腐浆、糖大饼，及每次二十文之火炙糕、寸金糖。"

二、常年性茶食

桐乡常年性茶食主要以烘焙糕饼为主，保存时间往往更久。

云片糕。云片糕以桐乡本地产的糯米为原料，制作时在糯米粉中加水和白糖搅拌，再入模成型，蒸五分钟后取出，撒一层熟面粉，再放入木箱保温，使糕坯质地更加柔润。隔天取出切片（每30厘米切25片），以一尺左右包为一包。桐乡习俗中，凡有婴儿满月、挪周，在贺仪之外必附一尺（包）云片糕，赠者取"高"这个好口彩，受者将其作为婴孩的辅食。

玉带糕。玉带糕又名（核）桃片，以糯米粉、白糖及核桃仁为原料，制法与云片糕相同，味道醇美。旧时发请柬请人吃酒时常附一尺（包）玉带糕。桐乡高桥街道的高桥糕品牌远近闻名，除了制作云片糕、玉带糕外，还有椒桃片、小桃片、麻片糕等。2009年，高桥糕点制作技艺被列入第三批嘉兴市非物质文化遗产代表性项目名录。

状元糕。状元糕以糯米为主料，松脆香甜，且具有浓郁的桂花芳香。关于状元糕的来历，还有一段传说。据说有个秀才去赶考，临行前他的母亲制作了一种糕点，色泽金黄，散发出诱人的香气。秀才带着这袋糕点踏上征程。后来，秀才经过努力，一举获得状元。这个消息传开后，人们认为这种糕点能给人带来好运，因此开始广泛制作，称为"状元糕"。由此看来，状元糕不仅是一种传统美食，更承载着美好的祝愿。

定胜糕。定胜糕又名定升糕。相传，南宋时期，民众为迎接凯旋的将士，特将糕点制作成梅花状，因其色泽淡红，象征着战争的胜

定胜糕 / 桐乡摄影家协会供图

利，遂取名为定胜糕。后来，邑人赶考或乡村建房上梁，会将其作为喜庆之物，故又名"定升糕"。

如今，定胜糕由粳米粉掺入糯米粉，里面加豆沙馅料制成，具有做工精巧、用料考究、松软清香、入口甜糯的特点。而且，这种食品已由喜庆之用转为一种美味茶食，深受人们喜爱。

三、庆典性茶食

年糕。过年时，桐乡家家户户都要准备年糕，因"糕"与"高"同音，讨个"年年高升"的好口彩。桐乡农家会用糯米磨成粉打成年糕，作为新年里走亲串户送的礼物。待来年二月初二龙抬头，桐乡有"二月初二吃撑腰（年）糕"的习俗。以前开春要种田，农民须弯腰劳作，吃了撑腰糕，腰板会硬朗，耐得住繁重的体力劳动。清代诗人蔡云《吴歈》云："二月二日春正饶，掌腰相劝啖花糕。支持柴米凭身健，莫惜终年筋骨劳。"2009年，白打年糕技艺被列入第三批嘉兴市非物质文化遗产代表性项目名录。

苏式月饼。以油酥作皮子的苏式月饼在中秋节前上市。月饼呈满月形，不太厚，大小不一，以所嵌的馅子分类，有白糖百果、椒盐芝麻、豆沙、鲜肉四类，鲜肉月饼须现做现卖。民国时，乌镇人在中秋当天，白天去南宫或北宫拜斗姥，烧斗香，以及晚上拜月，烧斗香时，都得供上月饼。据说吃了斋供过的月饼，一生都会团团圆圆。

嵌花云片糕。嵌花云片糕专用于斋供菩萨，以表虔诚。这种云片糕上有五彩线条的图案，如万年青、寿桃、天官、老寿星、和合二仙等。

除此之外，在不同的节令庆典，桐乡人还会享用不同的糕点。比如，四月为养蚕时节，农村有"望蚕讯"的习俗，会吃蚕花糕（软糕）。五月端午吃粽子。九月初九重阳节吃重阳糕。十一月冬至节，吃冬至团子，乡谚云"冬至团子年节糕"。十二月十二日蚕宝宝生日，要吃蚕花圆子（有黄白二种）等。

在桐乡广袤的乡村，每年春天插秧时，农人在三餐之外都会有"小点心"，大多为糕、粽、馍馍（由米粉制成，有实心的，也有嵌馅儿的，馅儿一般是咸菜或萝卜丝，以椭圆形居多）之类，或由农人预先带到田头，或由家人送去。比如插秧第一天（俗称"开秧门"），有民谚说"上午团子下午糕，点心送到田横头"，象征着团团圆圆，收成步步高。有了小点心作为补充，即使收工晚一点也不要紧。

桐乡各镇多老街，上岸下岸两排具有晚清、民国风格的两层木结构老房子，街面铺着一米多长的石板。抬头仰望，两排整齐的屋檐向南北延伸，中间留出一道尺把宽的天空，阳光从这条缝隙中倾泻下来，照在沧桑的石板上。清风缓缓拂过运河，踅入某户人家，收音机里正播放苏州评弹，吴侬软语，缱绻绵长。主人慵懒地躺在藤椅上，手捧一把紫砂壶，旁边茶几上放着一个九格盘，每格中放一样茶食。这是从前的日色，"车，马，邮件都慢，一生只够爱一个人"。

· 蚕乡习俗 ·

饲养春蚕 / 徐建荣摄

桐乡地处杭嘉湖腹地，养蚕是这一带人的主要产业，蚕花的好坏甚至直接关系到当地人的收入和生活。所以，桐乡人的很多生活习惯和娱乐活动都围绕蚕事展开。久而久之，便形成了一系列有关养蚕的风俗。

桐乡的蚕桑文化由来已久，像"白马化蚕""蚕花娘娘""马鸣王传说"等神话传说故事，都是有关桐乡桑蚕的。

宋室南渡后，桐乡的蚕桑业得到蓬勃发展。到了明清时期，蚕桑业受到朝廷的格外重视，桐乡几乎家家植桑，户户养蚕。

春蚕，顾名思义，是指在春季饲养的蚕。乡谚云："清明丫雀口（萌芽），看蚕娘娘拍手。"沈涛《幽湖百咏》云："桃花乱落雨初酣，三日桑芽雀口含。娇女烧钱儿打鼓，翟家庙下正祈蚕。"蚕农依据民谚"清明雀口"，判定桑叶早发且好，于是虔诚地去翟家庙祭祀蚕神，祈求蚕花丰收。

清明过后是谷雨。乡谚云："谷雨两边蚕。"谷雨前后，一年一度的春蚕饲养大决战即将开始。此时的桐乡，柳绿桑青，春光明媚，正是决战前夜蚕农休闲娱乐的好时机。于是，各种蚕花庙会纷纷登场，如乌镇的"香市"，河山含山的"轧蚕花"，洲泉双庙渚的"蚕花胜会"等，成了蚕乡的狂欢节。这些庙会，因蚕而生，因地而异，各具风采。

养蚕女子怀着喜悦的心情赴庙会，买蚕花、蚕网和掸蚁蚕的鹅毛等蚕具。乌镇一带的养蚕女子除了赴香市外，还不忘到乌将军庙前的上智潭"汰蚕花手"，祈盼蚕茧丰收。

饲蚕先得孵化小蚕，俗称"焐种"。以前的蚕妇不知道科学加温的方法，便将蚕种紧贴胸前衬衣外，借体温催孵，爱如亲子。小蚕孵出时只有小蚂蚁那么大，得用柔软的鹅毛轻轻地将其掸收在蚕匾里，俗称"收蚁"（亦称"收蚕"）。收蚁时，蚕农要举行"请蚕花"的仪式。事先准备好一杆秤和一些灯芯草末子，蚕娘头插红绿纸制成的彩花（蚕花），点香燃烛，供奉蚕神像（印刷的蚕花娘娘神像）。然后将请过的蚕神像贴在蚕房里，将剪碎的灯芯和野蔷薇花细末撒在蚕种纸上，再把蚕种纸挽在秤杆上，用鹅毛将蚕蚁和灯芯、野蔷薇花末一起掸往蚕匾中。请蚕神戴蚕花，是为了祈求神灵保佑蚕花廿四分。采用秤杆、灯芯等物收蚁，谐音"称心如意"，寓吉祥之意。

茅盾的小说《春蚕》中对此有细致的描写："终于'收蚕'的日子到了，……老通宝拿出预先买了来的香烛点起来，恭恭敬敬放在灶君神位前。阿四和阿多去到田里采野花。小小宝帮着把灯芯草剪成细末子，又把采来的野花揉碎。……老通宝拿着秤杆，阿四拿了那揉碎的野花片儿和灯芯草碎末。四大娘揭开'布子'，就从阿四手里拿过那野花碎片和灯芯草末子撒在'布子'上，又接过老通宝手里的秤杆来，将'布子'挽在秤杆上，于是拔下发髻上的鹅毛在'布子'上轻轻儿拂；野花片，灯芯草末子，连同'乌娘'，都拂在那'蚕簟'里了。"

收蚁之后便开始饲养，需经五个龄期——头眠、二眠、三眠（出火）、四眠（因'四'与'死'谐音而改称大眠），然后进入五龄。蚕儿渐渐老熟，俗称老蚕，此时开始结茧。

蚕事开始时，民间交往便一律停止，称"蚕关门"。至采茧时始恢复交往，称"蚕开门"。《（民国）濮院志》卷六《风俗》云："四月……乡村家家闭户，以芦帘围绕屋外，杜绝往来，官府停征收，里闬庆吊皆罢，谓之'蚕关门'。至采茧时，亲戚问遗，谓之'蚕开门'。"沈涛《幽湖百咏》云："夜猫桥去聘猫奴，对对门神换旧符。蚕关门时麦苗秀，蚕开门时麦苗枯。"

整个养蚕期间是蚕农最辛苦也是最忙碌的时候。蚕农为了让蚕事顺利，不仅对蚕神十分信仰，而且还形成了不少蚕俗禁忌，实际就是一种畏惧之心。相传有"五禁七忌"之说。

所谓五禁，一禁生人。旧时，饲蚕一开始，蚕农家就大门紧闭，谢绝生人进来。有的还会在门口贴"蚕月免进"的告示，有的则在门前竖起一根绑有桃枝的扁担（意在避邪）。二禁响声。蚕室内严禁高声谈笑，更不可发出敲击声。为此，切叶用的墩头均用稻草扎成。清初石门诗人吴之振《课蚕词》云："三日晴和两日阴，初生蚕子细如针。家家禁忌行人绝，吠犬鸣鸡亦断音。"三禁油烟。蚕室内禁止油烟。四禁异味。酸、辛、苦、辣等各种气味严禁入室。为此，饲蚕期间，各家烧菜时均会特别小心。五禁秽语。秽语指不吉利的话语，此时是不能随便说的。

为了防止不吉利的话语出口，就出现了"七忌"。所谓七忌，即在饲蚕期间，有七种事物都得"忌口"，要改变称呼。一是大葱改称"香头"。因葱与冲谐音，叫葱不吉利。二是生姜改称"辣烘"。因有一种蚕病叫僵蚕，姜与僵谐音，要避讳。三是酱油改称"咸酸"。因有一种蚕病称"酱油病"。四是竹笋改称"钻天"。因笋与损谐音，不吉利。五是豆腐改称"白肉"。因腐有腐烂之嫌。六是天亮改称"天开眼"。因有一种蚕病叫亮头病，要避讳。七是蚕爬改称"蚕行"。因有一种蚕病，蚕在感染后就乱爬不食，结不了茧，所以要避讳。

这些禁忌在文献中也有反映，如《（光绪）嘉兴府志》引洪景皓《蚕诗》云："遮莫村儿也解事，暂呼春笋叫钻天。"濮院陈梓《养蚕词》云："掘笋不叫笋，叫笋蚕要损。吃姜勿唤姜，唤姜蚕要僵。"濮院的蚕农还忌说"茶"字，因濮院方言"茶"与"蛇"同音，蚕是蛇喜欢吃的食物之一。

当蚕宝宝爬上柴龙结茧子时（称之为"上山"），各家的至亲好友会相互往来，询问收成，意思是来探望"山头"，故名"望山头"（又名"望蚕汛"）。所送礼品是大黄鱼或鳓鲞（谐音"立想"，即丰收在望之意）、绿豆糕或软糕、枇杷等时令货（其色或黄或白，以示黄金、白银等财物进门，讨个好口彩，图个吉利）。关于"望蚕汛"的民谣云：

秧凳箬笠拔秧伞，枇杷梅子灰鸭蛋。

黄鱼鲜肉鳓鲞篮，软糕包子挑一担。

在茅盾的小说《春蚕》中，也描写了这种风俗："接着是家家都'浪山头'了，各家的至亲好友都来'望山头'。老通宝的亲家张财发带了小儿子阿九特地从镇上来到村里。他们带来的礼物，是软糕，线粉，梅子，枇杷，也有咸鱼。小小宝快活得好像雪天的小狗。"

采茧子时，一筐蚕能采几斤蚕茧就叫几分蚕花。旧时一筐能采到十斤茧子（俗称十分蚕花），就算是上好的收成了，蚕农们常说"蚕花廿四分"，实际上是达不到的，只是为了讨个好彩头、图个吉利而已。茅盾的小说《春蚕》中有一段话写道："同样的欢笑声在村里到处都起来了。今年蚕花娘娘保佑这小小的村子。二三十人家都可以采到七八分，老通宝家更是比众不同，估量来总可以采一个十二三分。"

采蚕茧 / 徐建荣摄

清代乌镇文人张宏范的《竹枝词》云：

养得春蚕白满簇，今年二十四分收。
黄鱼索粉都空担，健妇缫丝谢马头。

诗中的"谢马头"是指祭祀蚕神马鸣王。当整个蚕事结束后，有些大户人家为了庆祝丰收，会请来戏班热闹三天，俗称"演蚕花戏"。

中国古代婚姻礼仪繁多。据史料记载，古代婚俗有"六礼"之说，即纳采、问名、卜吉、纳徵、请期和亲迎。旧时桐乡的婚俗，基本上包含这六个方面的内容，只不过名称不同而已。

纳采，即携彩礼求婚，就是男方请媒人去女方家"说媒"（或"提亲"）。

问名，即取庚帖，就是经媒人说亲之后，女方表示同意议婚，男方即请媒人向对方索求姑娘的年庚，俗称"出八字"（亦称"出帖"）。

出帖时，女方将姑娘的生辰八字写在红纸上，由媒人送至男方家。男方家收到女方的帖子后，将男女双方的生辰八字同时拿去请算命先生卜算，如果认为可以，就在女方帖子后面写上男子的生辰八字，交媒人送往女方家。女方也经过卜算，认为合适，即算成功。此称赍聘书，也称卜吉。

纳徵，就是经算命先生卜算后，双方都觉得两人生辰八字合适，遂同意这门亲事。此时，男方要向女方下聘礼，确定亲事，俗称"定亲"，亦称"对帖子"。聘礼主要为金银首饰和钱钞。定亲这天，男方要请媒人和娘舅或姑父拿着聘礼来到女方家。女方家接礼后留这些人吃午饭。饭后，女方家准备一担糕点随媒人一起到男方家。男方家在晚间备酒席款待客人，称"定亲酒"（也叫"报吉酒"）。屠甸一带乡村的男女在定亲时，女方常送一张蚕种作为定亲信物，称为"送蚕花"。男方母亲须着红色丝棉袄去接，称"接蚕花"。桑树和蚕桑用具还会作为必不可少的嫁妆。

定亲后一段时间，再请算命先生卜算，然后双方商定完婚（结婚）日期，这就是"请期"，俗称"佳日"，男方家须送"礼钱"和"盘钱"。礼钱是给女方买嫁妆用的，其中拿出百分之十给媒人。女方收到礼钱后，也会拿出百分之五给媒人（有些人家则给新娘的奶奶或外婆，称为"坐媒"）。盘钱分为大盘和小盘（均为双数），大盘是孝敬女方祖父祖母、外公外婆和巴爷巴娘（干爹干娘）的，小盘是送给女方娘舅、姑父的。

结婚日期确定之后，接下来就是发花轿迎娶新娘，这便是"六礼"中的最后一礼"亲迎"，俗称"迎亲"（也叫"接亲"）。这是结婚仪式中最重要、最热闹的一项。

桐乡地区结婚迎亲，需要安排三天，俗称"三天排场"。第一天招待媒人，办谢媒酒，并请娘舅或姑父作陪，同时举行请神仪式，并为新郎"上头"。新郎理发（男方家）和新娘开容梳妆（女方家）均称"上头"，其实就是古代男女"冠礼"和"笄礼"的延续。第二天，男方去女方家接亲，举行结婚仪式。第三天新娘回娘家探望，俗称"回门"。

桐乡是蚕桑之乡，人们对养蚕特别看重，所以婚俗中融入了许多有关养蚕的习俗。

在接新娘时，新郎在媒人和行管（帮助分发礼封的人，一般由新郎的姐夫担任）及傧相（陪新郎的宾客）的陪伴下去女方家，农村人家以船为主，镇上人家多用轿子。新郎坐的轿子是绿色轿衣，门面敞开（半身露出），新娘坐的轿子是红色绣花轿，门面是遮蔽的。一般官员的轿子在途中若遇到迎亲队伍，也会在路旁让道，以示尊重。

接亲队伍到达女方家后，会放鞭炮，新郎和傧相被迎至一旁以茶点招待，媒人和行管则忙着跟女方家协商礼封的事。女方家会事先染一些红绵兜（红色代表喜庆），嫁妆上都要系上红绵兜，还要染数十或百余个红鸡蛋，整捆甘蔗的两端用红绵兜扎紧（甘蔗越到下面越甜，比喻夫妻恩爱，白头偕老），并准备一担雪糕（用米粉做的方糕）送新郎。雪糕一般叠放于箩筐中的盘里，顶端置一大橘子，再绷上红绵兜，然后在橘子上插入柏枝，寓意"百事大吉"。

嫁妆是女方家给新娘的陪嫁，以女方家的财力而定，但其中有三件东西必不可少，一件是铜制的"热火炉"，也称"传火"（一是与"财富"谐音，二是希望女儿出嫁后既能为婆家生儿育女，传接"香火"，又可使夫婿发家致富）。一件是"蚕花竹"和"蚕花鸡"。"蚕花竹"是两株带根的竹子，陪送到新郎家后要立即种上，寓意将来夫家养蚕的收成会像竹子一样节节高。"蚕花鸡"要陪两只，一雄一雌，雌的用来生蛋，雄的则养到明年蚕罢时宰杀"谢蚕神"。雄、雌二鸡象征将来蚕蛹化成的一对雄雌蚕蛾，配对后产下蚕卵，可以孵出很多小蚕。这是预祝女儿到夫家养蚕能取得好收成。有《蚕花鸡》歌谣云：

> 蚕花鸡一对配成双，夫妻双双进洞房。
>
> 蚕花鸡冠红又红，夫妻恩爱乐融融。
>
> 蚕花鸡嘴尖又尖，夫勤妻俭土变金。
>
> 蚕花鸡，黄又黄，养格龙蚕粗又壮。
>
> 龙蚕吐丝结龙茧，龙茧回春飞凤凰。

还有一件是一只红漆马桶，俗称"德桶"或"子孙桶"，里面必须放上枣子、长生果和红鸡蛋等物品，寓意"早生贵子"。

崇福地区女儿出嫁时，母亲要为其准备一只"蚕花箪"带到夫家。所谓蚕花箪，就是一只竹篾编成的圆形小匾，里面放着包有稻米、豆、麦等五谷的红纸包，还要放进养蚕用的竹筷、桑叶，打丝绵线用的"天叉"。另外还有包好的茶叶和食盐，以及烧火用的"地叉"（即火叉）等。各类物品都用染红的丝絮捆着或盖着。"蚕花箪"内所放的物品，都有象征意义。所放五谷杂粮及蚕桑器具，寓意女儿嫁到夫家之后，能够实现五谷丰登，蚕花茂盛。"盐"与"缘"谐音，送盐是祝愿女儿在婆家广结人缘。"叉"与"岔"谐音，天叉、地叉有"歹事岔开"的含义。当然，这只竹匾之所以取名"蚕花箪"，主要还是预祝女儿在夫家养蚕时能够顺顺利利，获得好收成。

男方准备的礼封，俗称"封筒"，就是接亲的礼钱。封筒的多少由女方说了算，一般不少于六只，主要有门封（俗称开门封）、被封（给捐被子的人，一般是女方的娘舅或姑父）、抱舅封（给新娘兄长）、热封（给厨师）、茶封（给茶担）、堂上封（给丈母娘）、花红封（谢媒人）、自袖封（给新娘作私房钱）等。所有封筒由行管一起交给女家主事人，由女家主事人再去分发（俗称分封）。

分封事宜结束后，新郎即去新娘房前催邀她出来，俗称"出阁"。旧时出阁往往要新郎催邀三次，新娘才在喜娘的搀扶下走出闺房。

新娘临出门之前（或上轿前），新娘母亲要从女儿头上拔下一朵花，并将这朵花放到自家灶山上，俗称"拔蚕花"，其寓意为不让娘家的蚕花喜气被带走。喜娘会吟唱《拔蚕花》：

> 拔朵蚕花装个巧，巧巧一朵金花好，
> 巧巧两朵银花好，留下一朵蚕花好。
> 阿妈带花朝里走，年纪活到九十九，
> 发财发财，元宝搭台，发福发福，打船造屋。

20世纪80年代乌镇婚礼场景 / 徐建荣摄

水乡婚俗 / 李力群摄

当接亲队伍离开女方家时，女方父母会向外泼一盆水，原本是"认为水可以涤除污秽，压邪治鬼"，后演变为"泼出去的水再也收不回"，并立即关上大门（关蚕花），以防女儿将蚕花带走。

洲泉乡村的婚礼用船，当女方看见男方娶亲的船后，会安排专人迎候，并派人提两桶水，谓之"挽蚕花水"，预示今后养蚕有好收成。为女方提水之人会得到男方的红包，称为"挽水封"。迎娶新娘后，娶亲船快到新郎家河埠时，男方家也会派自家人用水桶"挽蚕花水"。

新娘被迎接到男方家时，男方家要将预先放在大门口的红烛灯火拔一拔（男方家"拔蚕花"）。此时，喜娘又会吟唱《拔蚕花》：

> 新人走近大门前，亲邻看客分两边，
> 左右一对银灯架，蚕花灯火亮闪闪。
> 新人来到大门前，红烛双双吐金莲，
> 一灯拔做三灯旺，一倍蚕花万倍宽。

新娘跨进男方家门时，喜娘要向四周撒一些钱币，供众人拾取，称为"撒蚕花铜钿"。同时唱民歌《撒蚕花》：

> 新人来到大门前，诸亲百眷分两边。
> 取出银锣与宝瓶，蚕花铜钿撒四面。
> 蚕花铜钿撒过东，一年四季福寿洪。
> 蚕花铜钿撒过西，生意兴隆多有利。
> 东南西北撒得匀，今年要交蚕花运。
> 蚕花茂盛廿四分，茧子堆来碰屋顶。

我国自古结婚时即有"撒帐"的习俗，用枣子、花生等撒于新房内，寓意"早生贵子"。撒蚕花当为撒帐习俗的演变，带有蚕乡地区的特色。

新娘接进门后，先要给一对新人吃糖茶，意为甜甜蜜蜜。接着用一只果盆，里面盛些米，插两支点燃的红蜡烛。然后新郎新娘二人捧住盆交给婆婆，婆婆将盆放在自己的房间里，俗称"接蚕花盆"。喜娘要吟唱《接蚕花盆》：

> 新人来到大门前，诸亲百眷分两边。
> 一碗糖茶送新人，吃在嘴里甜在心。
> 新人坐在大门前，蚕花双双插罗盆。
> 手捧银罗接蚕花，百罗蚕花万万千。

新郎新娘入洞房时，新娘的兄或弟要抢先来到新房，抛掷"蚕花"和"蚕花喜钿"，并往新床上抛掷花生、枣子和糖，意为早生贵子。此时喜娘呼：

> 一抛中福乐，二抛凑成双，
> 三抛东南西北方，再抛夫妻永成双！

随后婆婆端着新脸盆，拿着新毛巾，象征性地给新娘洗脸（俗称"汏蚕花面"），喜娘呼：

> 堂上捧来金盆照，金盆甘露新人笑，
> 手抹红云润秀鬓，早生贵子合家傲！

屠甸、梧桐一带的蚕农家办婚事时，新人迎进门拜过堂后，公公婆婆端坐在厅堂中央，由乐人或喜娘指引新人围绕两位长者走，边走边唱"赞田蚕"（俗称"盘米囤"）："宝香一支透天河，银烛辉煌两灯火。高堂双双厅堂坐，新人奉敬盘籁路……"意在祝福田蚕茂盛。

迎亲的最后一道程序就是第二天的"回门"。也有婚后逾月回门的，俗称"满月回门"；也有婚后三日回门的，俗称"三朝回门"。

新娘回门必须"婿亦偕往"，就是说新郎要同去，并且还要带上鸡鸭鱼肉和糕点水果等礼品。

河山镇等地，新婚次日还有"经蚕肚肠"的习俗。"经"作动词，有织的意思。堂屋中用椅子围成一圈，中置栲栳，上面放面条、蚕种纸、秤杆等物，喜娘领着新娘围绕椅子转，把红色的丝绵线缠于椅背之上。此仪式寓有缫丝劳动之意，所用物品象征蚕花丰收，幸福绵长，称心如意。举行仪式时，喜娘要唱民歌《经蚕肚肠》：

> 第一转长命百岁，第二转成双富贵；
> 第三转连中三元，第四转四季发财；
> 第五转五子登科，第六转六路财香；
> 第七转七世保团圆，第八转八仙祝寿；
> 第九转九子九孙，第十转十享满福。
> 蚕肚肠要经得匀，年年蚕花廿四分。

梧桐乡村的男子结婚后，妻子为求丈夫平安，常用108颗蚕茧缫出的蚕丝，为丈夫织一根丝腰带（俗称锦条）。据传，这根腰带系在身上可以避邪。还有一些乡村，新娘子嫁到婆家的第一年后，要独立养好一张蚕种的蚕，以接受考验，称为"看花蚕"。

如今，随着社会的进步，桐乡婚姻习俗中的一些繁文缛节逐渐被简化和淘汰。

丧葬习俗

旧时，大多数人缺乏科学认知，往往认为人的死亡是肉体和灵魂的分离，肉体死了，而灵魂则会离开肉体到幽冥世界去。一些丧葬习俗即源于这种灵魂崇拜和冥界观念。

在桐乡，传统丧葬习俗一般包括送终、报丧、吊唁、入殓、出殡、做七等内容。

"送终"是人生的最后告别。人临死前，家属必须日夜服侍，不在身边的子女要尽一切可能赶到病榻前见最后一面。桐乡旧俗，长辈咽气后，在旁子女要手持燃香，环跪病榻前嚎哭，称"送终"，意为将死者的灵魂从现世送入阴间和来世。

人死后首先要做的事就是在灶山上装香点烛，为死者净身、换衣，然后将换下的衣服连同蚊帐一起拿到宅外焚化。死者换上的衣服称为"寿衣"，一般在生前已准备好。以前桐乡的习俗，凡老人一过六十岁，大多要为自己准备寿衣，并置办棺材，称为"做茧"，老人把为自己准备的棺材称作"茧子"。这是把人去世看作蚕做茧子，将来还会像蚕一样化蛹成蝶，破茧重生。桐乡先民们在千百年的养蚕过程中悟出了看淡生死的乐观精神和人生哲理。

人一过世，家里人马上要到社庙里"上名"，并到道观里"批尸"，即取两张同样的黄纸，上面写死者姓名、住址和生卒时间。这是

"通牒"，也就是通行证。批书贴在死者家门前，才可以举办丧事。

向亲友通报死者的死讯，俗称"报丧"，报丧者必定是男性。人们总觉得死讯是一件不吉利的事，为了避免带来晦气，炉头、民兴等地流传用糖蛋接待报丧者的习俗。即凡是见到亲友家派人来报丧，立即烧出一碗水煮糖蛋，糖蛋要成单（一般烧三个，至少得吃一个）。报丧者吃过糖蛋要立即离开。糖是甜的，含有善意；而蛋则隐喻着"滚蛋"，有驱赶之意。给报丧者吃糖蛋，包含了主人"感谢"与"驱赶"两层意思。

亲友接到死讯，要赶来悼念，慰问死者家人，称作"吊唁"，俗称"吊孝"。亲戚大多送被褥、灯油、蜡烛、锡箔以及礼钱（俗称人情）等，朋友一般送花圈、挽联之类。旧时，有的至亲好友在吊唁时还会送一种挽幛，用整幅绸缎被面做成，上面题字或缀字。

停尸一至两天后，该来吊唁的人也都来了，接下去便是"入殓"，就是将遗体放入棺材之中，俗称"入棺"，有向死者作最后告别之意。入殓之前，除了请和尚道士念经拜忏或请老太太们念佛之外，作为蚕乡的桐乡，还有一个特殊的风俗，就是"讨蚕花"。所谓讨蚕花，就是死者的一些晚辈如儿子、女儿、侄子、孙子、外孙等（必须夫妻成双，未婚者可找一替身），随带四张绵兜（用蚕茧剥成的丝絮），将其扯长，蒙盖于死者身上。四张绵兜只需扯盖三张，留一张带回去给自家小孩翻棉衣用，这一张俗称"蚕花绵兜"，据说翻用以后可以避邪。死者身上的丝绵盖得越厚越体面，一方面说明家族人丁兴旺，另一方面有保护死者遗体之意，也含有请死者保佑后辈生活安康、蚕花丰收的愿望。在扯绵兜的时候，由死者的平辈（女性）在一旁不断地吟唱《讨蚕花》：

手扯绵兜讨蚕花，亲人阴灵来保佑。

手捏鹅毛掸龙蚕，筐筐龙蚕廿四分。

手捏黄秧种青苗，爿爿田里三石挑。

养只猪，像牯牛；养只羊，像白马。

出门碰着摇钱树，进门碰着聚宝盆。

脚踏云梯步步高，回步捧进大元宝。

  讨过蚕花之后，由死者的子孙将其放入棺材之中。死者的亲人将亲戚们送来的被褥（俗称海被）盖在死者身上。接着，死者的晚辈及亲戚，每人手持一支点燃的蜡烛，列队围着棺材绕三圈，口中念念有词，称为"盘蚕花"。仪式结束后，亲属可将未燃尽的蜡烛（称"蚕花蜡烛"）带回，留作将来养蚕时照明之用。据说用此烛照明可以保佑蚕花丰收。最后，僧道诵经，乐师吹打，家人嚎哭，由木匠或土工盖棺敲锭榫，入殓仪式就此结束。死者儿子送的被子要盖在棺材上，外人一看有几条被子就知道死者有几个儿子。待出殡时，每个儿子拿下被子，同时往自己家里跑，据说第一个把被子放在自己床上的人，以后会养蚕丰收，百事顺利，俗称"抢蚕花"。

  在桐乡的一些乡村，还有女眷为死者"照蚕花"的习俗。顺序是先儿媳后女儿。她们每人拿一个碗，碗里放一半米，米里插两支蜡烛，从逝者头部照到一只脚，再从另一只脚照回头部，然后儿媳的那碗蜡烛放在灵台上，女儿的那碗蜡烛拿到屋外房檐下，放在进大门的踏步石边上。外人只要看见门口有几碗蜡烛，就知道死者有几个女儿。

  旧时，死者入棺之后，由村上人帮助抬至墓地入葬。有些富户则将棺材停放家中一段时间（至少七七四十九天），待断七之后再去埋葬。

  将死者送往葬地的过程称作"出殡"，亦称"送丧"（或"送葬"）。送葬时，死者晚辈及亲友穿戴相称的孝服，列队护送灵柩去墓地。队伍前一般安排一人沿路抛撒黄白色纸锭，俗称"撒买路钱"。

送葬回来后，按旧俗，丧家必须办一顿素餐，招待前来吊唁、送葬的亲戚朋友，俗称"吃豆腐饭"。如今，豆腐饭均改素为荤，但席中豆腐必不可少。丧事结束后，死者家属要从外往里打扫地面，俗称"扫蚕花地"。

受佛教影响，人死后，丧家每七天要在家中设祭，俗称"做七"。第一个七天称"头七"，第二个七天称"二七"，以此类推。共做七次，七七四十九天，最后一次称"断七"。其中"五七"和"断七"比较隆重。做"五七"这天，要举行"除台"仪式（也有"断七"除台的）。据说，这一天亡灵要登望乡台探望家中亲人，于是亲人要再次请和尚道士念经拜忏。女儿女婿及近亲则要送来用竹篾扎糊的纸楼房、纸船、纸轿、纸箱等冥器。茅盾于1932年写的散文《冥屋》就有这样的描写："小时候在家乡，常常喜欢看东邻的纸扎店糊'阴屋'以及'船，桥，库'一类的东西。……那不过三尺见方，两尺高。但是有正厅，有边厢，有楼，有庭园；庭园有花坛，有树木。一切都很精致，很完备。厅里的字画，他都请教了镇上的画师和书家。这实在算得一件'艺术品'了……"

在做"五七"的过程中，还流传"解结"的习俗。这一天女儿要为死者裹"五七"粽子（一般为三角形的赤豆粽）。死者享年多少就裹多少只。每四只粽子用稻草扎成一结（系），放在一只谷箩内。仪式开始后，女儿跪于死者灵台前，用手快速将系粽子的绳"结"解开。每解开一组，即将粽子抛到身后，直到所有粽子解完为止。据说，通过"解结"，可以为死者解除生前所有的"怨结"，化解一切冤仇。如今，这种习俗仍在流传，不单是女儿解"结"，死者所有亲属都要解"结"。

殡葬改革，实行火化后，桐乡各镇都建有公墓，丧事礼仪也逐渐简化，但送终、报丧、吊唁、入殓、出殡、做七、解结等习俗依然保留下来。

蚕神信仰

桐乡是蚕乡。旧时，科学文化知识尚不普及，桐乡的蚕农往往把蚕桑丰收的希望寄托于蚕神的保佑上，从而产生了对蚕神的信仰和祭祀活动。

每年农历十二月十二日，是蚕宝宝生日。相传蚕宝宝是蚕神马鸣王化身来的。流传于桐乡的"白马化蚕"神话这样说：很久以前，有个叫陈百万的富户去婺州收账，适逢战乱，陈百万身穿罗绮，一看就是有钱人，于是被强盗掳走了。其妻刘氏得知消息后，忧心如焚，遂点烛燃香，对神许愿道：谁能救回我丈夫，我愿将小女翠仙许配于他。没想到，家中所养的白马闻知后，挣脱缰绳，直奔婺州，很快就将陈百万救了回来。刘氏以精细的饲料答谢白马，可白马拒食，竟开口说道："夫人曾许愿，谁能救回老爷，即将小女许配于谁，为何不守诺言！"陈百万闻知，一怒之下将白马射死，并剥下马皮晾晒在院中。其女翠仙见马被杀，欲走近观看。就在此时，一阵旋风突起，马皮随风将翠仙姑娘卷走了。几天后，翠仙化成无数马头虫身模样的蚕宝宝。后来玉帝下旨，敕封翠仙姑娘为蚕神马鸣王。从此，马鸣王就成了杭嘉湖一带蚕农崇拜的蚕神。

《光绪桐乡县志》卷二《疆域下·风俗》载："（十二月）十二日，蚕生日，养蚕家腌蚕种，屑秫为茧圆，以祀灶。"这一天，桐乡养蚕之家会用糯米粉做成形似蚕茧的圆子，亦有用糯米粉、南瓜掺和，做成黄白两色，俗称茧圆或长圆子。将烧熟的茧圆配以甘蔗、橘子、荸荠等，分装数盆，供于灶山上，燃香点烛祭祀。接着取出藏于家中的蚕种（蚕蛾产在厚纸板上的蚕卵），撒上少许盐粒，称"腌种"，再用布袱包藏起来，为蚕过生日的仪式就结束了。十天后，即腊月廿三送灶时，再取出蚕种，拨落纸片上的盐粒，并用清水冲洗，悬于屋檐下通风背光处晾干后收藏。待来年春天谷雨前后，取出"焐种"（将蚕种紧贴胸前衬衣外，借体温催孵）。据传，为蚕宝宝过生日之后，来年饲养时，蚕宝宝会身强体健，结出的蚕茧有如茧圆那样大。清代濮院文人陈梓《茧圆歌》云："黄金白金鸽卵圆，小锅炊热汤沸然。今年生日粉茧大，来岁山头十万颗。"

有民谣云："新年到，真热闹，廿三来送灶，廿四把尘扫，廿五吃豆渣，廿六打年糕，廿七办年货，廿八贴春联，廿九祭祖先，三十来过年。"年终时，祭祖、请年菩萨等事必不可少。桐乡人在敬天地祖先的同时，一定不会忘记敬请蚕神。他们会在八仙桌上竖起六神牌（牌上画有如来、观音、田公、地母、财神、土地以及蚕神马鸣王等各路神灵），点燃香烛，供上猪头（俗称利市头）、猪大肠、猪尾巴、猪前爪（"有头有尾"，即供奉整头猪），烧熟的公鸡（鸡屁股上要留三根鸡毛），大葱和大蒜（意思是"算得通"），活鲤鱼（仪式结束后放生，寓意来年"鲤鱼跳龙门"），年糕（年年高升），粉丝（粉丝如蚕丝，寓意养蚕有好收成），以及水果四样：菱角（谐音"灵巧"，代表以后生的孩子聪明乖巧，或已经出生的孩子将来会崭露头角）、荸荠（土话接近"辟邪"，寓意新的一年里避过灾祸，平平安安）、橘子（"橘子"即"结子"，寓意子孙繁衍，代代相传）、甘蔗（越老越甜，寓意老年生活幸福安康），然后焚香祭拜。

农历腊月三十日（小月为二十九日），家家户户会点起"蚕花火"。所谓"蚕花火"，就是一盏油灯，用三根灯草，放上食油，点燃后放在神龛前，一直要点到年初一的清晨。夜间，主人要多次加油添灯草，确保灯火不灭。除夕点蚕花火象征把蚕花的祥瑞接到新的一年。

大年初一，蚕农不开大门，只走大门旁边的小门，谓之"关蚕花"，这样在新的一年养蚕会丰收。

大年初五凌晨接"蚕花五圣"（亦称"五花蚕神"）。"蚕花五圣"的形象为三眼六臂，上面两手高举过头，一手托日，一手托月；中间两手一手抓丝，一手抓绢；下面两手合于腹部，捧一摞蚕茧。蚕农为祈求蚕神保佑新年蚕花丰收，在初五凌晨子时过后就要接蚕神。在八仙桌上供马幛、盅筷、爆竹、水果、豆制品，以及一小碗蚕花饭，饭上插三朵色彩不同的蚕花，点烛上香，迎接蚕神。仪式一直持续到上午。接蚕神仪式结束后，蚕农会将这一小碗蚕花饭及所插蚕花移放至蚕神堂内供奉，意思是希望菩萨时刻不忘护佑蚕花。

《光绪桐乡县志》卷二《疆域下·风俗》载："元夕张灯于市，或迎龙灯、马灯。箫鼓声达旦，农家束刍木末焚之，名曰'烧田蚕'，盖祈年也。"正月十五元宵节，桐乡各镇都会举办龙灯会，各种花灯交相辉映，宛如夜空中的繁星，让人目不暇接。街巷处还有"三跳"艺人说唱《看灯看到养蚕娘》：

> 元宵佳节闹洋洋，百样花灯挂满堂。
> 东西南北人潮涌，男女老少看灯忙。
> 看灯看到种田郎，干柴白米燥砻糠。
> 看灯看到养蚕娘，龙蚕结茧细丝长。

元宵节时，桐乡农村还有"烧田蚕"的习俗。"烧田蚕"也称"照田蚕"，是蚕农在千百年从事桑蚕生产的过程中，形成的一种虔诚的大型蚕事祭祀活动，参与人数众多，场面宏大，体现了蚕农祈求田蚕丰收的美好愿望和对蚕神的崇拜。

清代洲泉诗人胡滢《语溪棹歌》云：

迎春旗鼓自郊南，春吏春官春兴酣。

忽睹陌头灯百炬，一年一度照田蚕。

春节期间，在桐乡南片乡村，常有民间艺人上门演唱乞赏。唱词内容多是对蚕茧丰收的祝愿和对蚕桑生产过程的叙述。与此相配合，表演者往往做出扫地、糊窗、掸蚕蚁、采桑叶、喂蚕、捉蚕换匾、上山、采茧等一系列与养蚕生产有关的动作。

农历三月初三，有石门西竺庵庙会，蚕农烧香请愿者接二连三，热闹非凡。因为一过清明，蚕农们就要忙于采桑叶养蚕了。吴曹麟《语溪棹歌》云：

亭子庵连西竺庵，香时最闹月重三。

村娃底事忙如许，为过清明便育蚕。

清明节中，祭祖扫墓，洗头插花，踏青赏春，是各地皆有的习俗。而在桐乡，还有许多与养蚕相关的习俗，故有"清明大如年"的说法。

清明夜，桐乡蚕农桌上的菜有发芽蚕豆、糯米嵌藕、长粉丝、马兰头、炒螺蛳、剥壳熟鸡蛋以及形如蚕茧的清明圆子等，这些吃食均与蚕有关：发芽蚕豆象征蚕业有发头。藕的丝很长，寓意将来采下的蚕茧丝头很长。长粉丝也是愿蚕宝宝吐的丝又白又长。马兰头能健脑明目，蚕娘吃后会眼明心细，更好地养蚕。食螺蛳是为了"挑青"。

《光绪桐乡县志》卷二《疆域下·风俗》载："清明前一日插柳，祭墓，祀灶，易幡，食角黍。……食螺蛳，名挑青，盖病蚕谓之青娘，故云。""挑青"就是将螺蛳（不剪去螺蛳尾端）以针挑取螺肉，因为病蚕被称为"青娘"，挑青就是去掉病蚕。剥壳鸡蛋即盼望蚕茧大如蛋。而吃了如蚕茧的清明圆子，预示着将来定能采得又多又大的蚕茧，获得丰收。

蚕农在清明节时还会裹粽子，谓之"蚕花粽"，用于祭祀"蚕神"。三角粽的"角"象征"山"，蚕娘吃了它，养蚕上山崭崭齐，蚕茧会有高产量。故清明节《跳蚕花竿》歌谣云：

> 清明节，竹竿长，吃了粽子轧蚕花；
> 蚕花红，蚕花旺，采朵蚕花带回家。
> 逛香市，赶庙会，蚕花娘娘人间会；
> 祭蚕神，跳蚕竿，一跳跳到茧头白。

在桐乡的一些乡间，清明夜还有"听声卜蚕"（亦称"听叶仙师"）的习俗。人们吃过晚饭后，在铁锅中放满水，取来汤罐盖浮于锅中，再取下灶山上的灶神马幛，置于汤罐盖之上，接着由当家人用手拨一下汤罐盖，任其在水上转动。待汤罐盖停止后，当家人便派人顺着灶神马幛之头所指的方向走出门去，直到听到声音才回家。然后根据听到的声音预卜当年的蚕事。如听到狗叫声"汪汪（旺旺）"，即预示蚕事兴旺；若听到羊叫声"咩咩（没没）"，即预示蚕事不佳。蚕农们把清明与蚕事联系起来，尽管有不少迷信色彩，却反映了他们虔诚的心和美好的愿望，也给清明节增添了更多色彩。

旧时，春季养蚕前夕，桐乡农村常有携带黄蟒蛇的民间艺人（俗称放蛇佬），他们演唱着《赞蚕花》，上门乞讨。蚕农认为黄蟒蛇为

轧蚕花归来 / 徐建荣摄

青龙，青龙到龙蚕即到，龙蚕到则蚕花好，因此非常乐意施舍乞讨者，且均施绵兜，故《赞蚕花》亦称《唱绵兜》：

> 青龙到，蚕花好，去年来了到今朝；
> 看看黄蟒龙蚕到，二十四分稳牢牢。
> 当家娘娘看蚕好，茧子采来像山高；
> 十六部丝车两行排，脚踏丝车鹦鸪叫。
> 去年唤个张大娘，今年唤个李大嫂；
> 大娘大嫂手段高，做出丝来像银条。
> 当家娘娘为人好，滚进几千大元宝；
> 上白绵兜剥两绡，送送外面个放蛇佬。

另外，蚕月之前，蚕农将蚕室打扫干净，堵好鼠洞后，还要"戴蚕花，请蚕猫"。具体做法是，蚕妇在赴庙会（或香市）时购买一些用色纸或绸绢扎成的"蚕花"，佩戴在头上或身上，寓意今年蚕花有廿四分收成；还要购买泥塑彩绘蚕猫放在蚕房里，用以镇鼠。有些蚕妇还会自己用红纸剪出各式各样的蚕猫图像，贴在蚕房或蚕匾上，祈求蚕猫能震慑或者赶走老鼠，实现蚕花丰收。

五月初五端午节，此时桐乡蚕事虽已结束，但仍要举行被赋予蚕桑文化的踏白船（或称摇快船）比赛。蚕农在养蚕时，若桑叶不够，就要轻舟飞棹、日夜兼程地去买桑叶，往往一两天就得打个来回，这对行船速度和驾船技术的要求非常高。举行划船比赛既有祭祀蚕神的意思，更有训练划船技术和提高船行速度的目的。吴之振《课蚕词》云："三起三眠日夜忙，早蚕将熟恰清凉。争传叶价俄腾贵，两桨如飞去采桑。"一般情况下，踏白船比赛在清明和端午都要举行，因为旧时蚕农养蚕刚好在这两个节令之间。在清明举行比赛，有养蚕前检验船技之意，而在端午举行比赛，则更多是为了庆祝蚕事丰收，兼有文体活动的意义。

农历五月蚕事结束后，蚕农们在忙着采茧缫丝的同时，会准备鱼肉糕果，敬谢蚕神。在崇福地区的乡间，迎谢蚕神时还有演皮影戏的习俗，俗称"演蚕花戏"。基本节目演完后，必会加演《马鸣王菩萨》。演毕，蚕农会向艺人讨取纸幕的纸，称"蚕花纸"，据说用它来糊蚕匾，可使蚕花丰收。演戏时点灯的灯芯，艺人会分赠给蚕农，称"蚕花灯芯"，将其置于蚕室内，可保蚕事顺利。

濮院盛产濮绸，镇上许多风俗都与丝绸生产有关。农历七月初七乞巧节这一天，此地流传着请杼神、汰巧头、吃巧果的习俗。当天，织绸的绸娘们要沐浴汰头，俗称"汰巧头"。然后穿上亮丽的绸衣，设案焚香，摆上槜李、蜜桃、红菱等新鲜水果，在院中祭拜织女，祈求杼神授予机杼之巧。拜祭后，水果（俗称巧果）要在案上放一夜，以承杼神所授之仙露，然后再分而食之。据传，绸娘们洗过"巧头"，吃过"巧果"后，会变得心灵手巧，将来织起绸来梭子如飞，机上生花，织成百样锦缎。

农历九月十六为绸机机神的生日。《（民国）濮院志》卷六《风俗》载："（九月）十六日机神诞，翔云观及梧桐庵均张灯，奏乐设宴庆祝。"这一天，濮院有请机神的习俗。镇上织绸的机户会聚集于翔云观机神殿，举行祭祀仪式。祭祀时，神殿内张灯结彩，香烟缭绕，案桌上供奉三牲福果，各机户礼拜。之后还要请民间艺人演唱"赞神歌"，娱神娱人。

可以说，桐乡有关蚕事的习俗都与蚕神崇拜有关，这些活动既让蚕农织户增加了收获的信心，也为他们繁忙的生活带来了欢乐。

皮影戏 / 乌镇旅游公司供图

一、桑秧业

桑秧，即桑苗，养蚕之家必种植桑树。南宋时，蚕桑业的重心从浙东转移到浙西的嘉兴、湖州，桐乡境内自行育苗随之增多。明代中叶，蚕利渐兴，育苗甚为广泛，桑的品种有睛青桑、白皮桑、荷叶桑、鸡脚桑、扯皮桑、火桑等。明《（万历）崇德县志》载："语溪无间，塘上下地必植桑，……贫者数弓之宅地，小隙必栽，沃若连属，蚕月无不育之家。"

清初受战争影响，蚕桑生产有所衰落。但因"蚕桑之利厚于稼穑"，至康熙年间，蚕桑业又渐兴起，桐乡境内运河两岸已"桑树被野，家皆育蚕"。乾隆十六年（1751）乾隆帝南巡，舟过嘉兴、石门时写道："夹岸桑林数十里，果然蚕事此邦多。"张燕昌在《和鸳鸯湖棹歌》中写道："夜泛轻航买女桑，三春乡市各纷忙。侬家接得石门种，十亩闲闲蔽草堂。"都描绘了桐乡地区蚕桑业之盛。桐乡各镇也因桑苗、桑叶、丝绸产品的贸易及缫丝织绸手工业的发展而渐成大镇。

光绪年间，桐乡境内的石门湾、乌青镇已设有桑秧行。民国二十五年（1936）重修《乌青镇志》卷二十一《工商》载："桑秧业，业桑秧者西、北栅为多，西栅徐鼎和、北栅陆三泰均为大行，乡人购取桑秧，赊欠者居多。桑秧有独条、双枪之分，来自长安设行者收取用金，又有广秧产自苏州，其桑株甚小，扎数十株为一把。近年桑秧价值亦廉，营业较前为小。"

桐乡所产的桑苗，分"京庄"和"本庄"两种，"京庄"是短小的桑苗，运销无锡、宜兴、溧阳等处，或由苗贩直接深入苗区，由行主带至田间采购，点数论价。"本庄"的桑苗较大，销售给邻县和太湖以南地区。

二、叶行

到采桑叶之时，蚕农基本上先供自家育蚕之用，若有多余，则粜于叶市，于是就有了叶行，是养蚕时节调剂桑叶余缺的期货行。

明代以来，濮绸获利极高，所以桐乡地区蚕农养蚕的积极性盛于他处。养蚕少不了桑叶，桐乡的大量耕地都用于种植桑树，如明中叶的石门地区，种植粮食的亩数与种植桑树的亩数基本相等，此地百姓一年中仅有八个月的时间能粮食自给，其余四个月则要以蚕桑易米而活。桐乡的桑叶量多质优，这让本地和外地的商人看到了商机，大大小小的叶行应运而生。

清代汪曰桢在其《湖蚕述·稍叶》中说："叶莫多于石门、桐乡，其牙侩则集于乌镇。"当时，乌镇被誉为苏（州）、嘉（兴）、湖（州）一带桑叶贸易的中心，每年约有十万担桑叶外销，乌镇四栅有大小叶行十数家。

叶行的经营，基本上是提前行动。叶行的人先于上一年冬季去湖州南浔及江苏吴江的震泽、坛丘等地的养蚕户那里预售桑叶，养蚕户向叶行说明自己需要桑叶的数量，并交一部分定金给叶行。转年到采桑叶时，养蚕户再到叶行拿叶并交清剩下的金额。同时，在上一年冬季，叶行的人也要向桐乡的蚕农预订桑叶，双方讲明价格后，叶行把款全部付清，如果转年蚕农没有将桑叶如数交给叶行，欠缺的部分要按照叶市的最高价赔偿。

这样看来，桑叶买卖很像现在的期货生意，双方都无法预料结局如何。比如桐乡蚕农在预售桑叶时，估算自家蚕宝宝需要的桑叶数量后，尚可余五担卖给叶行。此时，叶行会把价格压得很低——六角或八角一担，并当场付清货款。到次年采桑叶时，若由于肥料、气候等原因，桑叶减产，蚕农预售的五担桑叶，只有两担，那么所欠三担需以钱的形式补给叶行。因为桑叶减产，叶行会大幅提高桑叶的卖价——最高四元一担，蚕农把去年预先拿到的钱全部贴进去都不够，只好放弃自家养的蚕，把桑叶全部交给叶行，叶行因此大赚一笔。反之，如果这一年桑叶丰收，蚕农除了预售的五担桑叶外，还可再出售三担，而叶行因为收叶过多，不得不低价出售——三角或二角一担，预售时付出的成本根本收不回来，有些小行会因此破产。

叶行的经营是有时间点的，每年立夏设柜营业，从开始到结束只有九天时间，分头市、中市、末市，每市三天。而叶价也有早市、晚市、夜市之分，价格往往有波动，俗话说："仙人难断叶价。"叶行营业时，叶市一派繁忙的景象，前来买叶的船封满河港，贸易通宵达旦。一些小贩会从叶行以较低的价格买入，挑担或摇船去乡下加些价钱售卖。有些缺少蚕叶的蚕农此时正忙于蚕事，没有时间去叶行买叶，而蚕宝宝若不能按时喂养，长势就差，因此他们会向这些小贩购买桑叶应急，小贩则从中赚取差价。

"九一八"事变后，丝价大跌，叶行已不成市，仅数家小行还在维持，或由米行代为贸易。民国二十二年（1933），桑叶交易量仅数千担，每担叶价只有五角或六角，蚕农有叶难售，只好弃之于地。

三、茧行

清中叶后，中外通商，丝绸大量出口，直接刺激农民种桑养蚕的积极性。清末至民国初，蚕桑生产达到鼎盛，茧价高而稳定。光绪初年，桐乡即设有茧行，收购四乡蚕茧，转销至外地。光绪后期，每年蚕事将毕时，携银前往桐乡购茧的人络绎不绝。

民国六年（1917），浙江省议会通过《茧行条例》，规定嘉兴、湖州两地茧商可在本地建茧站（也称茧厂），收购鲜茧烘干后出售。鲜茧每担价值50余元。乌镇的五六家茧行每年约有干茧1250担（每三担鲜茧，烘成一担干茧）运出。民国十七年（1928），《茧行条例》取消，地方茧厂随之增多，乌镇及周边就有十六家之多。茧价达到每担105元，为历史最高，当时的黄金每两为36元，故民间有"金戒子挂满桑柴拳头"的谚语。

"九一八"事变后，丝价惨落，茧价暴跌，销售不畅，鲜茧一路跌至20余元一担，外来茧商因无法经营而破产。至民国二十三年（1934），乌镇只剩四家茧站勉强维持，每担鲜茧仅15元，蚕农亏损严重。至当年底，茧行全部关门。中华人民共和国成立后，乌镇重新规划了东、南、西、北四个茧站，成为政府收购蚕茧的官方机构。

四、丝业

蚕茧收获时，桐乡农家会自备简易丝车，自行缫丝，时称土丝。土丝有头蚕、二蚕之别，细丝、肥丝之分。桐乡地区南乡多肥丝，而北乡多细丝。肥丝销售给本地机户及金陵贩客，细丝则运转至上海洋庄，成为出口货品。

乌镇西栅外七里村所产的"辑里丝"，丝质精良，较他处为优，

蚕茧 / 桐乡摄影家协会供图

缫丝女工 / 乌镇旅游公司供图

洋商多喜采购，驰名于国际市场。上海开埠的最初四年里，"辑里丝"占上海生丝出口贸易的55%以上。

同治末年，乌镇每年产丝七八千包（每包80斤），每包蚕丝最高售价为八百元。光绪二年（1876），乌镇沈永昌丝行老板沈岂香与杭州商人胡雪岩合作，囤丝巨万，不料却在与洋人的竞争中失败，沈永昌遭受重创。沈岂香从此对商业心灰意冷，希望其子沈鸣谦（字听蕉）通过读书光耀门庭。沈鸣谦后来学有所成，开馆课徒，是沈雁冰（茅盾）初小的国文老师。

光绪十年（1884）后，乌镇每年产丝仍有三四千包，进入民国后，每年产丝多在一千包左右，少者为七八百包。然而，"九一八"事变后，丝价惨落，细丝每包由八百元跌至三百元，上市量仅二三百包。抗战胜利后，乌镇丝业有所恢复。中华人民共和国成立后，政府对土丝的产销采取积极引导和加强管理等措施，建立了土丝市场和土丝收购协商小组。

五、丝绵业

丝绵是一种蚕丝制成的绵絮、被用材料，用茧表面的乱丝加工而成。在衣服里面充以丝绵，可以御寒，也可以用丝绵做成蚕丝被。

桐乡蚕农对于蚕茧的处理形式有以下几种：一是蚕户自行加工，缫成生丝后直接投放市场；二是蚕户将蚕茧加工成丝后，自己织绸、绢、绫，然后出售这些丝织品；三是蚕户煮茧成绵，有环绵、手绵两种，俗称"剥绵兜"。环绵较大，民国二十五年（1936）重修《乌青镇志》卷二十《土产》载："大环绵，以头蚕茧造成，白如雪，如弓形，甚韧也。他处所不及。"又说："手绵，与大环绵不同，手绵用蛾口茧及同功茧（近时丝厂亦有同功茧及薄皮茧出售，为制绵之用，

剥绵兜 / 徐建荣摄

名下脚茧），煮熟，以水浸之，用手剥成绵兜。头蚕绵最韧，二蚕绵稍脆。丝厂下脚茧已经火烘，剥成之绵尤脆。用绵兜制衣被极轻暖。《吴兴蚕书》云：'出乌镇者为上，匀薄如纸，莹洁如玉。'"

一般来说，一斤茧子可做三十余个环绵，或一百余个手绵。环绵主要销往宁波等地，手绵则有各地的小贩及丝绵庄收购。

桐乡地区有些乡民专门从事手剥绵兜的工作，于是就有了茧壳行，主要是把蛾口茧卖给乡民。

乌青镇还有绵绸业，所产绵绸有三种，用纯绵纺线织成的为上，叫细绵绸；用茧黄滞头绵纺线织成的次之，叫粗绵绸；杂以洋纱织成的，叫洋绵绸。民国二十五年（1936）重修《乌青镇志》卷二十一《工商》载："绵绸业，现有泰记、元记两家。有由乡人织成绵绸，售于绸庄者；亦有由绸庄发给原料，令乡人织成绵匹，给以工资者（织工北乡人为多）。两庄绵绸均推销于宁波、绍兴各埠，并江苏、上海等处，营业范围尚属远大。"

进入民国后，桐乡地区的绵绸庄通过上海绸布庄将绵绸销往海外，俗称"走洋庄"。上海出口商（上行）先付部分定金给桐乡的绵绸庄（下行），下行优先供应优质的绵绸给上行，双方定期结算，各守信用。二十世纪二十年代，受日本绸冲击，桐乡绵绸业日渐萎缩。与此同时，濮院的丝织业也渐趋衰落。至民国十三年（1924），濮院绸庄仅存八家。抗战爆发后，桐乡丝织业遭到严重破坏，从此一蹶不振。

中华人民共和国成立后，政府投入资金，在桐乡兴建了绸厂、布厂、丝织厂等。

· 非遗名录 ·

高竿船技 / 崔睿芳摄

高竿船，俗称"蚕花船"，是一项民间传统杂技活动，也是与蚕乡风俗有关的一种娱乐形式，起源于明末清初，以清代后期和民国时期为盛。

高竿船使用大船一条，船头置一石臼，臼中竖一株带根长毛竹（民间将毛竹比喻成蚕花竹），称总竹，此竹高数丈，直径约五寸，以产自德清上柏山且竹龄四五年者为佳，还须是生于朝南山坡的阳竹，因为阳竹韧性足，不易折断。选定后，先压竹，即将竹梢压柔，使其柔韧而有弹性。在总竹的三分之一处用四株小毛竹（称边竹）固定，上置大蒲团使其不向上滑动；在总竹的三分之二处穿一大升箩，竹梢穿一小升箩，表演多在两升箩之间进行。

最初，高竿船技（又作"高杆船技"）的流行区域并不广，仅限于桐乡洲泉镇，而且主要集中在镇域一带的农村，如夜明村、坝桥村、清河村、马鸣村、晚村村等。洲泉位于桐乡西陲，原属崇德县，1958年，崇德、桐乡二县合并，洲泉成为距离桐乡县城梧桐镇最远的片区。此地河汊纵横，密如蛛网，又是桐乡地势最低的地方，明《（正德）崇德县志》载："四周皆水，其中一地如钱。"人们往来，多以舟楫代步，家家枕河，户户置舟，人人会弄桨游泳。以前，陆上交通不便，多为乡间田塍小道，所以民间有"走到天边，难到洲泉"之谚。

高竿船技既是杂技类民间水上体育活动，又是具有娱乐性的民间文化活动，它的精神内核是蚕神信仰。蚕乡人民在蚕事来临之前，举办包括高竿船技在内的各种祀神活动，出发点是祈求蚕神保佑，以求蚕花丰收，进而实现家道兴旺发达。

马鸣村因村中有马鸣王庙而得名。高竿船技表演最初就在马鸣王庙东侧的漾潭里举行。与高竿船技同时进行的还有打拳船、踏白船、抬阁船、锣鼓船等，时间一般在清明前后三天，即人们常说的头明日、二明日、三明日。

高竿船技表演很有观赏性，同时也具有一定的危险性，所以在选择地点时要注意以下四个方面：

一是水面须宽阔。水面宽阔，才有足够大的回旋空间。船只停泊于河中，距岸边有足够远的距离，表演者即使失手，也只是掉进水中，不会有性命之忧。

二是视野须开阔。高竿船技是极具观赏性的表演项目，也是清明蚕俗活动中最具人气的一个项目，岸上必有许多观众，所以应选择两岸没有树木遮拦的水面，最好是在观众能够一览无余的地方。

三是交通须便利。由于多数观众是随船而来的，且在水上观看会更真切，因此为了便于集聚和疏散，应选择水上交通便利的地方，最好是众水汇聚的漾潭。

四是水流须平缓。由于高竿船技表演是一项技巧性相当强的运动，又是在船上表演，所以要求水流平缓，切忌风高浪急，否则极易发生危险。

据记载，洲泉镇高竿船技表演的地点有以下八处：

一是马鸣王庙东侧漾潭。这是目前已知最早的高竿船技表演地点。此地河流众多，水面宽阔，水流也不急，适宜表演。据当地老人

清河双庙渚庙会高竿船技表演 / 徐建荣摄

说，在此地表演时，蚕农要将马鸣王庙里的马鸣王菩萨抬出来，摆放于岸边正中的位置，请其观看。由此也可证明，高竿船技原本就是一项以蚕神崇拜为中心的群众性活动。

二是清河村"蚕花浜"。它的对岸是芝村演庆寺，因供奉龙蚕菩萨，故当地百姓又称其为龙蚕庙。蚕花浜两面临水，古树参天，浓荫蔽日，风景宜人。每逢清明节蚕花胜会，这里便彩船云集，八方蚕农在此竞技，观者如堵，盛况空前。

三是富墩。富墩在今洲泉镇屈家浜村，相传是五代时吴越王钱镠曾孙、工部侍郎钱昱的坟墓。钱昱生前归宋，卒后追封富水侯并葬于此。墩前原有庙，庙前临祝香桥港，有湾兜，水面开阔，适宜高竿船技表演。

四是洲泉南市梢漾口。洲泉市河贯通安桥港、蔡家桥港（也称坝桥港）和洲泉港，出洲泉镇向南，河道突然开阔，水流分散，水面平静，适宜高竿船技表演。

五是杨西浜，即今洲泉镇夜明村杨西浜组，地处桐乡最西陲，与德清县交界。杨西浜长三百米，漾口水面开阔，适宜高竿船技表演。

六是湾里。洲泉镇识村湾里是一个大村落，高竿船技表演在这里的横塘港与龙浜漾口举行。

七是吏部太漾潭。吏部太漾潭在洲泉镇夜明村西侧，水面开阔，高竿船技表演常在这里举行。

八是双庙渚。双庙渚在洲泉镇清河村，傍临洲泉港，东南不远即芝村龙蚕庙。这一带水面宽阔，均在百米左右，适宜高竿船技表演。

除以上八处外，还有含山塘高竿船技表演。含山塘在洲泉西北十公里，表演地点虽不属于洲泉，但表演的艺人都来自洲泉。

表演高竿船技时，表演者身着象征蚕宝宝的白色服装，沿竹竿而上，爬至梢顶，在弯成九十度的毛竹上表演各种惊险动作。据高竿船技第二代传人史子寿回忆，高竿船技的表演动作经历了一个由简单到复杂、由平易到惊险的过程，到民国初期才基本固定下来。全套动作有十八个，既固定，又连贯，且极为惊险。现将这十八个动作简要介绍如下：

顺撬：表演者双手握住总竹，身体挂直悬空，自然舒展。此时，总竹与水面呈平行状，表演者与水面、总竹均呈垂直状。静止片刻后，双臂、双腿向后一挪，突然发力，向前旋转，旋转速度越快、圈数越多越精彩，一般是五至十圈。

反撬：与顺撬相反，反撬是向后旋转，由于是背向旋转，因此更加惊险。反撬一般紧接着顺撬进行，旋转的圈数也与顺撬相同。

倒扎滚灯：表演者双手伸过头顶紧握毛竹，双脚绞住毛竹，背靠毛竹，挺胸凸肚，做自然躺卧状，并以总竹为轴心进行旋转。旋转时，总竹梢剧烈抖动。观众从下望之，如滚灯一般。

硬死撑：表演者先双手紧握总竹，身体自然悬挂，然后向后缩起身体，头朝下，脚底朝上，再双脚反向穿过两臂之间，脸朝下，全身坚挺笔直，与总竹成垂直状。坚持时间愈久愈显水平。

扎脚背：表演者双脚脚面弯曲如钩，勾住总竹，身体自然挂直，头朝下，对着水面，双手张开成直线。

扎后脚：表演者双腿自然伸直，脚尖向上，用脚后跟绞住总竹，双臂自然张开，头朝水面。也有极少数表演者，仅用脚后跟勾住总竹，令观者胆战心惊。

扎脚踝：表演者双脚踝交叉缠绕，绞住总竹，身体自然倒悬挂直。

咬大升箩：表演者在完成一些基本动作后，需要根据接下来的动作、自身重量以及表演习惯，重新移动两只升箩，设置最佳的表演区域。同时，通过移动升箩，进行短暂的休整。咬大升箩，即表演者在大升箩至小升箩之间扭转爬行，头在下，脚在上，咬住并拖动大升笋，以毛竹与水面逐渐平行为宜。

咬小升笋：表演者翻转身，脚在下，头在上，咬住并拖动小升笋，以毛竹不再下垂为宜。

围竹：表演者双臂自然弯曲，腋下夹住总竹，双手握住，身体挂于总竹上，并以总竹为轴心翻滚。

掮竹：表演者双手紧握总竹，一肩按在总竹上，竖起双脚，头朝下，以身体笔直为精彩。观众从下望之，好像总竹被表演者掮着一样，故称"掮竹"。

躺竹：表演者平躺于总竹之上，头枕总竹，面朝天，双腿自然张开，两臂伸直，与总竹呈垂直状。

反张飞：表演者双手反握总竹，整个身体挂在总竹下面，两腿伸直，做旋转状。这个动作像一个人被反绑的样子，故称"反张飞"。

田鸡伸腰：表演者双手反握总竹，身体自然垂下，之后身体突然前倾，缩起双脚，在总竹与双臂之间的空隙中穿过。此时，表演者脸朝水面。观者从下面望去，如田鸡跳跃之前的形状，故称"田鸡伸腰"。

蜘蛛放丝：表演者取出事先准备的白色绸条，缚住总竹，位置在大升笋与小升笋当中。绸条是双股的，自然垂下，表演者用双手捏住，双脚绞住，突然手一松，身体快速落下，绸条在脚边舞动，在快要掉入水中时，双手紧握绸条，身体立停。此时总竹重重地下弯，几乎要碰到水面时，又迅速弹了上去。这是整套表演中最惊险也最吸引观众的一个动作，必定引发一片惊呼。

立绷：表演者站立在白色绸条的下端，双臂撑开，绸条立即呈菱形，如果绸条较长，则呈红缨枪枪尖形状。由于绸条是软的，又在空中，所以表演者必须笔直站立，才能不让绸条抖动。表演时，还可以做各种动作，如荡秋千、蹲起伏倒，总竹随表演者的动作上下起伏，左右摇摆，颇具观赏性。

躺丝：表演者挂在白色绸条的下端，平躺，可以挺直身子，也可以让四肢自然垂下。

扎后枕头：表演者仰起头，同绸条半勾半扣住后脑，身体自然挂直。

从全套十八个动作可以看出，这个表演多数是在模仿蚕的形象和动作，如咬大升箩、咬小升箩、左右摇晃、上下摆动，是在模仿蚕儿爬上桑枝吃桑叶；躺竹、反张飞是模仿蚕儿吃饱后休息的状态；扎脚背、扎后脚、扎脚踝是模仿蚕儿成熟时扭动着爬上柴垛子准备做茧；蜘蛛放丝是模仿蚕儿吐丝时不慎从柴垛上掉下来的情景。其他一些动作则是为了增添观赏性，如顺撬、反撬、围竹、捐竹、立绷、躺丝等。由此可以证明，高竿船技是一种以蚕神崇拜为核心，并掺入民间杂技艺术的蚕俗文化活动。

2011年，高竿船技被列入第三批国家级非物质文化遗产代表性项目名录。

高竿船技第四代传承人屠荣祥，1950年生，洲泉镇夜明村人，出生于高竿世家，祖父屠美生、父亲屠子兴均是高竿好手。屠荣祥7岁时就跟随父亲学习表演高竿船技。2000年春，屠荣祥受乌镇旅游公司邀请，开始在东栅景区财神湾为游客表演高竿船技，每次表演时间为15分钟，使这项传统民间杂技得到保护和传承。2009年9月，第三批浙江省非物质文化遗产代表性项目代表性传承人名单公布，屠荣祥荣获高竿船技传承人。2018年，屠荣祥被评为浙江省"非遗"薪传"特别贡献"奖。2021年，第六批浙江省非物质文化遗产代表性项目代表性传承人名单公布，屠荣祥的弟弟屠松根被评为高竿船技传承人。

蓝印花布

蓝印花布，又称蓝染，俗称"石灰拷花布""拷花蓝布"，是中国民间艺术中具有东方文化特色的一种传统工艺品。这种以植物蓝草为染料、以传统手法进行防染而形成的蓝白图案，以其质朴清新的风格自成一派，表现出非凡的魅力。

1959年，新疆考古工作者从尼雅遗址中发掘出一块蓝印花布，时间约为公元一至三世纪，这是迄今所能见到的年代最久远的蓝印花布。可见蓝染技术在中国有着悠久的历史。

沈从文在《谈染缬》一文中指出："现存材料有重要参考价值的，应数甘肃敦煌和新疆发现品以及日本正仓院部分藏品。从这些材料分析，得知唐代至少已有三种染缬技术普遍流行：即蜡缬、夹缬和绞缬。"其中"蜡缬"和"绞缬"，就是今天的"蜡染"和"扎染"。而古代"夹缬"的方法是用镂空花板把丝绸夹住，投入染缸加染，染后晾干，花纹就明白显出了。

由古代品种繁多的丝绸印花"三大缬"，到后来的灰缬——蓝底白印花布的一种，再到成为百姓日常用品和流行商品的蓝印花布，经历了上千年的发展。

桐乡的染坊盛于明代，在清代继续发展。当时，桐乡几乎每个镇上都有从事纺织的布坊和从事草木染的染坊，形成了细腻精巧且典雅

乌镇草木本色染坊 / 乌镇旅游公司供图

大方的工艺风格。

桐乡蓝印花布的兴起和发展，与桐乡发达的民间手工纺织业有着密不可分的关系。濮院所产之濮绸，发轫于宋元，盛行于明清，日出万匹，名扬海内外。而石门布坊亦素称发达，至今尚存"棉纱弄"的巷名，其中尤以东庄布最佳，通过金陵庄口销往江、浙、皖等地。由此可见，桐乡地区的绸和布早已闻名遐迩。

桐乡的蓝印花布印染技艺历史较为悠久。明清以来，乌镇、石门、崇福等地便开设有数十家蓝印花布印染作坊，乌镇东栅染店弄一名便由此而来。民国二十五年（1936）重修《乌青镇志》卷二十一《工商》载："染坊业，吾镇染坊所染者皆乡货，如绵绸、布匹等料。"乌镇朱宏茂染坊是规模较大的一家，在浮澜桥南设有前店后坊，另于浮澜桥北住宅开设有"朱恒利"临街店面；又在东栅另设宏顺德染坊。此外，乌镇还有恒泰、茂昌、协泰、亿泰等染坊。

石门镇的丰同裕染坊，创立于道光至咸丰年间，是著名漫画家丰子恺祖上传下的一家染坊店。丰子恺在《我的母亲》一文中写道："墙外面便是我们的染坊店。母亲坐在椅子里向外面望，可以看见杂沓往来的顾客，听到沸反盈天的市井声，很不清静。"他又在《学画回忆》一文中写道："我家开着染坊店，我向染匠司务讨些颜料来，溶化在小盅子里，用笔蘸了为书上的单色画着色，涂一只红象，一个蓝人，一片紫地，自以为得意。"

抗战前，崇福镇有十三家染坊（染店），其中基础较好的蓝茂丰染坊创建于清光绪六年（1880）。

旧时，桐乡蓝印花布染坊都是临河而建，原因之一是染坊的用水量比较大，二是便于染色后的花布下河漂洗。染坊四周必有大片空旷之地，或将漂洗后的花布摊晒于草地之上，或矗立丈许高的竹、木杆，搭成水平的梯形架子，将漂洗后的花布挂在上面晾晒。染坊的布局大多是前店后工场。染坊主称东家或店主。规模较大的染坊会设专职的账房，负责接活、记账、结账等。染坊中的染色师傅称为老司务、老师傅、大头，主要负责染缸的管理和维护。

丰同裕染坊中保存着一本清光绪十七年（1891）染坊司务张克九的染色手稿，手稿记录的染坊加工材料主要是绸绢和棉布。当时并非只染靛蓝，所染之色有好几十种：红色类的分为金红、火红、银红、杏红、桃红、玫红、紫红、福红、高粱红；浅色类的有藕色、玉色、月白、月蓝、天蓝；青色类的有天青、凤凰色青、鸦青、茶叶青、福青、毛青、玄青、钢青、跌青、葡萄青、青铜色等；绿色类的有官绿、油绿、豆绿、纱绿；紫色类的有茄紫、金酱、紫檀、沉香；黄色类的有金黄、禾黄、谷黄、杏黄；元色有朱墨、金库黑、库灰、瓦灰、银灰；所用都是纯植物染料。这说明桐乡民间染坊的染色技艺已经达到非常高的水平。

染业祭祀祖师爷的规矩因为年代久远已鲜为人知。据丰子恺的小女儿丰一吟回忆，染坊祭祀一般都在农历的除夕夜、正月十五、四月十四和九月初九进行，而且很少用塑像或雕像，大多是用印有梅葛二圣的纸质画像。祭祀时，染人聚集，点香燃烛，叩拜祭奠，饮酒相庆，以求行业兴旺，后继有人。祭祀活动中，禁止闲杂人等参加。

桐乡蓝印花布除了具有装饰性，还具有较强的实用性。所谓实用性，是从民用角度来说的，印有吉祥寓意图案的蓝印花布，被制成各类布艺品，如衣服、床单、被面、蚊帐、围裙、桌布、包袱皮等，用于人们的日常生活中。如今，桐乡蓝印花布的使用范围更为广泛，而且在面料选择方面也有所扩展，除了传统的土棉布，还有毛料、真丝、麻料等不同材质、不同织造工艺的天然纤维面料，以增加产品款式。

桐乡蓝印花布的图案主要有五种：一是花纹图案，如方胜纹、盘长纹、回形纹、绣球纹、铜钱纹、"卍"字纹。二是人物故事图案，

晾晒蓝印花布 / 沈建峰摄

如麒麟送子、刘海戏金蟾、童子夺魁。三是动物图案，如蝙蝠（与"福"谐音）、鹿（与"禄"谐音）、金鱼（与"金玉"谐音）、鱼（与"余"谐音）以及喜鹊、鹤、狮子、龙、凤、鸳鸯等。四是植物图案，如牡丹、莲花、梅、兰、竹、松、水仙等。五是其他图案，如花瓶，福、喜、寿等文字。

改革开放以来，桐乡蓝印花布这一具有浓厚江南民间艺术风格的手工艺品在传统制作工艺的基础上，不断改进，集实用性、装饰性、收藏性于一身，并体现着浓郁的地方特色。

2008年，蓝茂丰被评为首批"浙江老字号"。同年，第一批浙江省非物质文化遗产代表性项目代表性传承人名单公布，周继明被评为蓝印花布印染技艺传承人。

2010年，丰同裕被评为第二批"中华老字号"。

2014年，蓝印花布印染技艺被列入第四批国家级非物质文化遗产代表性项目名录。

2017年，第五批浙江省非物质文化遗产代表性项目代表性传承人名单公布，哀警卫被评为蓝印花布印染技艺传承人。

2018年，周继明被中华人民共和国文化和旅游部认定为"蓝印花布印染技艺国家级代表性传承人"。

乌镇水阁

　　乌镇水阁起于何时，没有明确的文字记载，它的出现应和百姓的日常生活、商业贸易密切相关。乌青两镇，一水中分，以河成街，街桥相连，民居稠密。两镇夹溪相对，"双子"并峙，十字形的主河道将乌青镇自然地划分成四条长街，人们依河筑屋，水、镇一体，格局独特。

　　具体而言，乌镇下岸居民，在陆地砌筑帮岸的房基上，向河道延伸三米左右，用石柱或木桩打在河床中，上架横梁、纵木，铺上木板，加建斜坡屋顶，与二层楼房的窗台衔接，就成了水阁，堪称水乡建筑中的奇葩。

　　水阁、桥梁、石板街巷等独具江南韵味的建筑因素，体现了中国古典民居"以和为美"的人文思想，体现出自然环境和人文环境和谐共生的整体美，呈现出江南水乡古镇的空间魅力，形成了具有浓郁水乡风情的生活方式。

　　关于乌镇水阁的修建，还有一则传说。很早以前，乌镇南栅浮栏桥附近的河边，有一爿茶馆，店主名叫刘吉。茶馆虽有一楼一底，但只有一间门面，两张八仙桌一放，店里好比螺蛳壳里做道场，身子也转不过来。为了扩大店面，刘吉就在店后河面上盖起一座"水上阁楼"。刘吉搭水阁的消息很快传了出去，镇上的巡检官立即派人前来查问："官府早有规定，不准私占官河，你私搭水阁，该当何罪！限你三日之内拆除，如若不拆，送官查办！"

听差人一说，刘吉胆战心惊，急忙找常来店里喝茶的李秀才帮忙。李秀才为人耿直仗义，听了刘吉的诉说，心中愤愤不平，决定要为其讨个公道。他拿起笔写了几个字交给刘吉，说："官府如来传你过堂，你就说你没有罪，并把这道状纸递上去。"三天后，差人见刘吉的水阁还没拆掉，就传他上堂。当巡检官审问时，刘吉答道："小人没罪，不信请老爷察看。"说罢将李秀才写好的状纸呈了上去。

巡检官打开状纸，见上面写道："民占官河，五船并行。官占官河，两船难行。谁碍交通，官府自明。"顿时眉头打结，哑口无言。

原来，当时乌镇的车溪市河比较狭窄，一般只能通过两只船，为此县衙曾出通告，禁止扩占官河。但巡检官为了停靠官船，筑起了很宽的帮岸，使河面窄得连两只船也难以通过。而南栅浮栏桥附近的河面，比其他地方宽阔，能五船并行，即使搭出水阁，也不妨碍交通。

巡检官自知理亏，心想，如果硬给刘吉定罪，闹到县衙里对自己没好处，所以就判他无罪释放。

这样一来，私占官河的事就再也没人管了。从此河面上的"水阁"慢慢多起来，成为乌镇一道水上景观。

远远望去，乌镇的房子前一半立于岸上，后一半吊脚楼式地撑在水面，别致又实用。水阁三面有窗，窗旁有门，门外有石阶，石阶一直延伸到水下，可以临河打水，也可以洗衣洗菜。支撑水阁的石柱可以系船停舟。乌镇居民居住于水阁之中，与水为伴，枕水入眠，故有"人家尽枕河"之说。凭窗眺望，水上风光一览无遗。夏天天气炎热，人们在水阁里纳凉、休息，一阵凉风吹来，十分惬意。冬天人们可以在水阁里晒太阳，和邻居聊天，不亦乐乎。

旧时，乌镇的水路运输发达，交通工具以船为主，村民摇船出

乌镇西栅水阁 / 乌镇旅游公司供图

乌镇东栅 / 徐建荣摄

乌镇西栅夜景 / 徐建荣摄

市，船里载着自种自养的蔬菜、鸡鸭等。临河的居民只要吆喝一声，船就会摇到水阁边交易。可见水阁给居民的生活带来了极大便利。如今，在西栅景区，那鳞次栉比的水阁，原汁原味地保留着水上市场的原貌，繁荣着古镇的经济。

乌镇东栅景区沿东市河保存和恢复有1.2千米的沿河水阁。水阁三面木制的窗子都面河，有的雕花镂空，有的涂着朱红油漆，有的干脆就是两块活动的木板。这些窗门或羞羞答答地半掩，或大大方方地敞开，各具形态，尽显风情。清澈的河水倒映着这些开开合合的木窗，感觉就像河流张开了欲飞的翅膀。若是凭窗而坐，既可观市河风光，又能听水声訇訇，别有一番情趣。

西栅景区沿西市河同样保存和恢复有三千米长的沿河水阁。每当夜色降临，河边万家灯火，水面波光粼粼，小桥、流水、人家，仿佛桨声灯影中的秦淮河。

乌镇水阁给人以美的享受。茅盾先生对于水阁也是情有独钟，在离别家乡五十年后仍记忆犹新。他在散文《大地山河》一文中留下了一段乡情浓郁的文字：“人家的后门外就是河，站在后门口（那就是水阁的门），可以用吊桶打水，午夜梦回，可以听得橹声欸乃，飘然而过……”

有了水阁，乌镇的人与水更为亲密；有了水阁，乌镇的风貌更有韵味；有了水阁，乌镇的气质更为优雅；有了水阁，乌镇的历史更具色彩。水阁是乌镇的独创，更是乌镇的魅力所在。在小桥流水、橹声欸乃中，看水阁画卷般在眼前徐徐展开，观水乡人在水阁中的起居住行，听古镇人此起彼伏的乡音。乌镇的水阁正以它独特的韵味受到越来越多人的喜爱。

2007年，乌镇水阁被列入浙江省第二批非物质文化遗产代表性项目名录。

乌镇水阁雪景 / 桐乡市摄影家协会供图

鸟瞰枕河人家 / 乌镇旅游公司供图

河畔人家 / 李渭钫摄

乌镇香市

　　乌镇香市，亦称"乌镇烧香市"，是指桐乡乌镇一带的百姓在每年清明至谷雨这段时间，为祈求蚕桑丰收而到镇上的寺庙中进香的传统民俗活动，可以将其看作一种地方性的传统节日。它与杭州昭庆寺烧香市、苏州寒山寺烧香市并称江南"三大烧香市"。

　　"香市"一词的意思是因香而成市，香即进香、烧香之意，成千上万的蚕农为祈求蚕茧丰收，汇集至某地的寺庙进香，大量的人流与物流带动了商业的发展。"市"因"香"而繁荣，"香"因"市"而闻名。茅盾笔下，将其称为"农村的狂欢节"。

　　嘉兴素有"丝绸之府"的美誉，蚕桑生产历史悠久。如今桐乡农家养蚕，有春蚕、夏蚕、秋蚕三熟，其中春蚕有头蚕、二蚕之分，秋蚕有早秋、中秋、晚秋之别。然而，历史上很长一段时期，桐乡各镇农家只养一次蚕，那就是春蚕。春蚕饲养时间长而丝质好，所以，蚕农对于春蚕非常重视。养蚕之前，蚕农需要放松心情，准备蚕具和祭祀，一方面是对蚕神心存敬畏，另一方面也是休闲娱乐的需要。乌镇香市就是在这种情况下应运而生的。

　　乌镇香市究竟起源于何时，史无确载。清代诗人盛爌有诗《乌镇烧香词》："和风暖日水平堤，士女嬉游夹两溪。七十二桥零有半，东南北栅不如西。鲜妍裙袄花争妒，圆滑笙簧鸟并啼。消受春光须一

乌镇香市中的踏白船 / 陈为民摄

度，要酬香愿强名题。"盛爡，字愚谷，乌镇东栅外前朱村人，康熙二十八年（1689）恩贡生，官德清训导。诗中描绘了某个风和日丽的日子，男男女女在市河边嬉游的场面。乌镇香市期间，娱乐场所及商贩设摊主要集中在西栅乌将军庙及普静寺一带，所以作者写道"东南北栅不如西"。

到了乾隆年间，施曾锡的《双溪竹枝词》云："春风吹断卖饧天，茜袂红裙共斗妍。年例烧香官不禁，东家新钉燕梢船。（原注：镇俗，清明节后，乡人多于普静等寺进香，以祈蚕谷。）"又《（乾隆）乌青镇志》卷七《风俗》也记载了清明时节蚕农到普静寺祈蚕的习俗："清明前二日为寒食，檐前插杨柳。……是夜，育蚕家设祭禳白虎，门前画石灰象弓矢，驱蚕祟也。……翌日谓二明日，村男女争赴普静寺祈蚕，及谷雨收蚕子，乃罢。"

"三月三，庙门开，乡下蚕娘出门槛。东亦逛，西亦颠，轧朵蚕花回家来。"这首以乌镇方言传唱了百余年的民谣，说的就是乌镇香市期间，蚕娘参加庙会活动，祈祷蚕桑丰收的情景。

光绪四年（1878）四月二十四日的《申报》有一篇题为《记乌镇香市》的报道，详细记载了这一年的乌镇香市："乌镇西有普静寺，不数武即乌大将军庙，俗名西土地堂，堂前有池，曰'上智潭'。临池戏台一座，台后有塔高七层，虽毁于兵燹，而形迹尚存。塔前为白莲寺，即梁昭明太子同沈尚书读书处。寺前有塘，名'十景塘'，旧名辇道，道旁野花参差，古木丛杂。一湾流水，清且涟漪，洵镇之胜地也。每年自清明始至立夏止，为烧香市，游人云集，百戏杂陈，三教九流，纷纷罗列。卖饧者，箫吹于道；卖酒者，帘飘于野。人声沸地，锣鼓喧天。山林中，居然有城市风也。四乡连镇者二三十里不等，红男绿女，白叟黄童有不到此一游者，一年中恒抑忧不乐。本镇民家妇女，有色美者，或衣新者，亦必到此一显。故午前为乡市，午

乌镇香市蚕花会 / 乌镇旅游公司供图

后为街市，乡妇必于池中洗手，谓之'洗蚕花手'；镇女必于寺中烧香。普静寺前有地大约百亩，旧为演武场，搭棚成十字街，尽开茶肆，男女入肆饮茶，谓之'品春茗'；寺中开设杂耍、广货、洋货、轧花糖色诸摊，入寺购物谓之'儿女乐'；游人午前入市，谓之'阅村妹'，午后入市谓之'看文章'，名目不一，此其大略也。泚笔记之，聊备采风者一粲云尔。"

这是目前可以查阅到的有关乌镇香市最详尽的记载，活动的规模，集会的区域，参与的群体，一一道来，让人有身临其境之感。还有各种专门用语，如洗蚕花手、品春茗、儿女乐、阅村妹、看文章，等等。

茅盾写于1932年的散文《香市》也为我们描绘了他所见到的乌镇香市的情景："'清明'过后，我们镇上照例有所谓'香市'，首尾大约半个月。赶'香市'的群众，主要是农民。'香市'的地点，在社庙。从前农村还是'桃源'的时候，这'香市'就是农村的狂欢节。因为从'清明'到'谷雨'这二十天内，风暖日丽，正是'行乐'的时令，并且又是'蚕忙'的前夜，所以到'香市'来的农民一半是祈神赐福（蚕花廿四分），一半也是预酬蚕节的辛苦劳作，所谓'借佛游春'是也。于是'香市'中主要的节目无非是'吃'和'玩'。临时的茶棚，戏法场，弄缸弄瓮，走绳索，三上吊的武技班，老虎，矮子，提线戏，髦儿戏，西洋镜，——将社庙前五六十亩地的大广场挤得满满的。庙里的主人公是百草梨膏糖，花纸，各式各样泥的纸的金属的玩具，灿如繁星的'烛山'，熏得眼睛流泪的檀香烟，木拜垫上成排的磕头者。庙里庙外，人声和锣鼓声，还有孩子们手里的小喇叭、哨子的声音，混合成一片骚音，三里路外也听得见。"

乌镇香市持续时间长达半个月，从清明始，至谷雨止。有些年份因天寒，蚕事推迟，香市至立夏方止。香市的主客是蚕农，四乡的蚕农成群结伴乘航船，或摇着赤膊船来赶香市。有的还带着自产的竹器、蚕具及农副产品到香市上销售。香市中也有"蚕花会"的内容，如迎蚕神等。赶香市的蚕娘除了拜蚕神之外，还有一项神圣的使命，就是去土地庙前的上智潭"汰蚕花手"，祈求"蚕花廿四分"，希望蚕花有个好收成。

乌镇香市期间，除了蚕农从事蚕俗活动外，缙绅商贾也广泛参与，远近的各路戏班、杂耍也来助兴。蚕农烧香拜佛，商贾倾销货物，艺人唱戏卖艺，还有大量士人游春赏花，寻欢作乐。所以，乌镇香市是一个集民俗、商业、文娱于一体的群众性活动。

1937年日军发动全面侵华战争，乌镇香市随之停办。抗战胜利后，乌镇香市又渐渐复苏，但规模大不如前。中华人民共和国成立初期，乌镇香市不再举办。

1999年，乌镇开始实施古镇保护和旅游开发，在规划和定位时，就把眼光放在历史文化遗产的保护和挖掘上。2001年举办了"中国·乌镇香市——江南水乡狂欢节"，活动在蚕俗文化的基础上，增加了瘟元帅会、古镇夜巡、长街宴、提灯走桥、鱼鹰捕鱼等内容，花样不断翻新，以迎合现代人的文化审美。这些内容集游览性、观赏性、参与性于一体，让游客在感受水乡风情的同时，欣赏到乌镇多姿多彩的传统民间习俗。

2012年，乌镇香市被列入第四批浙江省非物质文化遗产代表性项目名录。

一、桐乡非物质文化遗产代表性项目名录

序号	名称	公布时间	批次及等级
1	中国传统桑蚕丝织技艺	2009年	世界级
2	含山轧蚕花	2008年	第二批国家级
3	高杆船技	2011年	第三批国家级
4	蓝印花布印染技艺	2014年	第四批国家级
5	乌镇水阁	2007年	第二批浙江省级
6	三跳	2007年	第二批浙江省级
7	剔墨纱灯	2007年	第二批浙江省级
8	手工彩色拷花	2007年	第二批浙江省级
9	桐乡蚕歌	2009年	第三批浙江省级
10	大纛旗	2009年	第三批浙江省级
11	双庙渚蚕花水会	2009年	第三批浙江省级
12	桐乡竹刻	2009年	第三批浙江省级
13	濮绸织造工艺	2009年	第三批浙江省级

序号	名称	公布时间	批次及等级
14	灰塑	2009年	第三批浙江省级
15	姑嫂饼制作技艺	2012年	第四批浙江省级
16	乌镇香市	2012年	第四批浙江省级
17	花鼓戏	2012年	第四批浙江省级
18	舞方天戟	2012年	第四批浙江省级
19	杭白菊传统加工技艺	2012年	第四批浙江省级
20	乌镇竹编	2017年	第五批浙江省级
21	桐乡桑剪锻制技艺	2017年	第五批浙江省级
22	桐乡藤编	2022年	第六批浙江省级
23	灶画	2006年	第一批嘉兴市级
24	木雕书刻	2008年	第二批嘉兴市级
25	桃核雕刻	2008年	第二批嘉兴市级
26	彩蛋画	2008年	第二批嘉兴市级
27	麦秆画	2008年	第二批嘉兴市级
28	榨菜传统制作技艺 （桐乡榨菜传统 制作技艺）	2008年	第二批嘉兴市级
29	传统木船制造技艺 （乌镇木船修理技艺）	2008年	第二批嘉兴市级
30	桐乡拜香凳	2009年	第三批嘉兴市级
31	砖雕	2009年	第三批嘉兴市级
32	历本袋（香包） 制作技艺	2009年	第三批嘉兴市级
33	风筝制作技艺	2009年	第三批嘉兴市级
34	三珍斋卤制技艺	2009年	第三批嘉兴市级
35	臼打年糕技艺	2009年	第三批嘉兴市级

序号	名称	公布时间	批次及等级
36	高桥糕点制作技艺	2009年	第三批嘉兴市级
37	经蚕肚肠	2009年	第三批嘉兴市级
38	桐乡神歌	2009年	第三批嘉兴市级
39	吕留良传说	2010年	第四批嘉兴市级
40	道场画	2010年	第四批嘉兴市级
41	乌镇三白酒酿造技艺	2010年	第四批嘉兴市级
42	叙昌酱园制酱技艺	2010年	第四批嘉兴市级
43	乌镇船寮及木船修理技艺	2010年	第四批嘉兴市级
44	马鸣王传说	2015年	第五批嘉兴市级
45	西施传说	2015年	第五批嘉兴市级
46	乌镇童玩	2015年	第五批嘉兴市级
47	船拳（乌镇船拳）	2015年	第五批嘉兴市级
48	乌镇镬子浇铸技艺	2015年	第五批嘉兴市级
49	桐乡牮屋（木结构建筑纠偏）技艺	2015年	第五批嘉兴市级
50	桐乡晒红烟加工（刨烟）技艺	2015年	第五批嘉兴市级
51	桐乡桑剪锻制技艺	2015年	第五批嘉兴市级
52	吴王庙会	2015年	第五批嘉兴市级
53	金子久传说	2019年	第六批嘉兴市级
54	坐唱班	2019年	第六批嘉兴市级
55	千秋	2019年	第六批嘉兴市级
56	丝绸画缋	2019年	第六批嘉兴市级
57	传统家具制作技艺	2019年	第六批嘉兴市级
58	"桐乡辣酱"酿造技艺	2019年	第六批嘉兴市级

序号	名称	公布时间	批次及等级
59	桐乡传统糕点制作技艺	2019年	第六批嘉兴市级
60	江南古镇传统建筑修缮技艺	2019年	第六批嘉兴市级
61	金氏中医内科	2019年	第六批嘉兴市级
62	提灯走桥习俗	2019年	第六批嘉兴市级
63	越剧	2020年	第七批嘉兴市级
64	桐乡打铁技艺	2020年	第七批嘉兴市级
65	刺绣	2020年	第七批嘉兴市级
66	缫土丝	2020年	第七批嘉兴市级
67	手工织毯技艺	2020年	第七批嘉兴市级
68	糖画	2020年	第七批嘉兴市级
69	桐乡篆刻技艺	2020年	第七批嘉兴市级
70	鱼圆制作技艺	2020年	第七批嘉兴市级
71	箍桶技艺	2020年	第七批嘉兴市级
72	桐乡臭干制作技艺	2020年	第七批嘉兴市级
73	粉塑	2020年	第七批嘉兴市级
74	凌氏针灸	2020年	第七批嘉兴市级
75	陈氏妇科	2020年	第七批嘉兴市级
76	桐乡水龙会	2020年	第七批嘉兴市级
77	蜘蛛煨蛋习俗	2020年	第七批嘉兴市级
78	菊花仙子传说	2020年	第七批嘉兴市级
79	清水丝绵加工技艺	2020年	第七批嘉兴市级
80	传统纽襻制作技艺	2020年	第七批嘉兴市级
81	抬阁	2020年	第七批嘉兴市级

二、桐乡浙江省级非物质文化遗产代表性项目代表性传承人名录
（截至2022年12月）

序号	姓名	性别	传承项目	公布时间	批次
1	傅海铭（1938—2017）	男	剔墨纱灯	2008年	第一批
2	周继明（1951年生）	男	蓝印花布印染技艺	2008年	第一批
3	邱学良（1948年生）	男	三跳	2008年	第一批
4	褚林凤（1930年生）	女	桐乡蚕歌	2009年	第三批
5	钟山隐（1930—2014）	男	桐乡竹刻	2009年	第三批
6	沈华良（1945年生）	男	石灰堆塑	2009年	第三批
7	张建明（1949年生）	男	双庙渚蚕花水会	2009年	第三批
8	屠荣祥（1950年生）	男	高杆船技	2009年	第三批
9	沈坤寿（1935年生）	男	大纛旗	2009年	第三批
10	屈娟如（1936年生）	女	花鼓戏	2013年	第四批
11	沈华良（1945年生）	男	灶画	2013年	第四批
12	曹鉴清（1962年生）	男	杭白菊传统加工技艺	2013年	第四批
13	哀警卫（1962年生）	男	蓝印花布印染技艺	2017年	第五批
14	叶瑜荪（1948年生）	男	桐乡竹刻	2017年	第五批
15	张荣奎（1951年生）	男	姑嫂饼制作技艺	2017年	第五批
16	陈松泉（1942年生）	男	舞方天戟	2017年	第五批
17	计美娥（1965年生）	女	花鼓戏	2021年	第六批
18	陈国明（1968年生）	男	舞方天戟	2021年	第六批
19	屠松根（1963年生）	男	高杆船技	2021年	第六批
20	钱利淮（1985年生）	男	乌镇竹编	2021年	第六批
21	徐立巧（1951年生）	女	姑嫂饼制作技艺	2021年	第六批

舞方天戟 / 徐建荣摄

桐乡花鼓戏 / 徐建荣摄

乌镇船拳 / 徐建荣摄

1. 《(万历)乌青镇志》,(明)李乐纂,万历二十九年(1601)刻本。

2. 《(康熙)石门县志》,(清)杜森修,(清)祝文彦等纂,(清)邝世培续修,康熙十六年(1677)刻本。

3. 《(康熙)桐乡县志》,(清)徐秉元修,(清)仲弘道纂,康熙十七年(1678)刻本。

4. 《乌青文献》,(清)张园真纂,康熙二十七年(1688)春草堂刻本。

5. 《(乾隆)乌青镇志》,(清)董世宁纂,乾隆二十五年(1760)刊本。

6. 《(光绪)石门县志》,(清)余丽元等纂修,光绪五年(1879)刻本。

7. 《光绪桐乡县志》,(清)严辰纂,光绪十三年(1887)刻本。

8. 《幽湖百咏》,(清)沈涛著,蔡明笺注,桐乡市文教室1998年印。

9. 《宋咸熙集》,(清)宋咸熙著,浙江古籍出版社2021年版。

10. 《(民国)濮院志》,夏辛铭纂,民国十六年(1927)刻本。

11. 《(民国)乌青镇志》,卢学溥修,民国二十五年(1936)刻本。

12. 《桐乡县志》,马新正主编,上海书店出版社1996年版。

13. 《崇福镇志》,俞尚曦主编,中华书局2013年版。

14. 《洲泉镇志》,俞尚曦主编,浙江大学出版社2009年版。

15. 《乌镇志》,汪家荣主编,上海书店出版社2001年版。

16. 《石门镇志》,徐才勋主编,方志出版社2002年版。

17. 《桐乡文史资料》第1—41辑,桐乡市政协教科卫体与文化文史学习委员会编，1984—2022年。

18.《嘉兴节日志》，王一伟主编，上海书店出版社2021年版。

19.《中国民间歌曲集成·浙江卷》，《中国民间歌曲集成》全国编辑委员
会、《中国民间歌曲集成·浙江卷》编辑编纂委员会编，人民音乐出版
社1993年版。

20.《中国民间文学集成·桐乡县故事歌谣谚语卷》，浙江民间文学集成办
公室编，1989年版。

21.《桐乡风俗》，桐乡市史志办公室编，方志出版社2015年版。

22.《运河记忆——嘉兴船民生活口述实录》，嘉兴市文化广电新闻出版
局、嘉兴市文学艺术界联合会编著，上海书店出版社2016年版。

23.《桐乡高杆船技》，吴利民、张琳主编，颜剑明、褚红斌、陈亚琴编著，
浙江摄影出版社2015年版。

24.《桐乡蓝印花布印染技艺》，哀警卫、褚红斌、陈亚琴编著，浙江摄影
出版社2019年版。

25.《匠心传承，禾商记忆——嘉兴老字号》，嘉兴市档案馆、嘉兴市商务局
编，中国文史出版社2020年版。

26.《风土杂记》，徐春雷著，浙江人民出版社2012年版。

27.《桐乡蚕歌》，徐春雷著，中国文联出版社2009年版。

28.《乌镇民俗》，乐忆英著，浙江人民出版社2014年版。

29.《乌镇掌故》，徐家堤主编，上海社会科学院出版社2003年版。

30.《乌镇掌故续编》，徐家堤主编，珠江出版社2006年版。

31.《四溪拾贝》，徐家堤主编，自印本2013年。

32.《人文濮院》，王立、陈滢著，浙江人民出版社2017年版。

33.《蚕乡习俗》，陆松华著，吴越电子音像出版有限公司2017年版。

34.《缘缘堂随笔》，丰子恺著，人民文学出版社出版2018年版。

35.《茅盾散文集》，茅盾著，浙江文艺出版社2007年版。

后　记

　　桐乡市委宣传部推出《桐乡大运河文丛》，俞尚曦老师推荐我担任《吴风越韵——桐乡大运河畔民俗风情》一书的撰写者。说实话，接到任务时，我诚惶诚恐，感到无从着手。原因在于，我主要关注的是乌镇一地的民风民俗，而这本书涉及的范围是整个桐乡。为此，我花费数月时间搜索有关桐乡的文献，摘录整理了相关内容，进而对桐乡地区的民俗风情有了大致的了解。

　　桐乡地处吴越分界，数千年来形成的风俗习惯，既吸收了吴文化的温柔敦厚、勤劳细致，又吸纳了越文化的求真务实、坚忍不拔。特别是桐乡人在生产活动中形成的稻作文化和蚕桑文化，更具地方特色，也给婚娶丧葬、饮食起居、岁时节日等习俗带来较大影响。

　　桐乡素来贸易繁荣。宋室南渡后，中原士大夫喜此地为水陆要冲，更爱其风物淳美，往来便捷，故多卜居于此。吕在廷《语溪诗系》云："直至宋之南渡，地为畿辅，人文荟萃，贤士大夫之生于斯，宦于斯，客于斯，往来于斯，饶有渊源。"此后桐乡户口日繁，人烟稠密，商贸繁盛，百业兴旺，为四方宾客麕集之地。至明清时期，各地商贾又通过便捷的运河航道来到桐乡经商。经济的发达，带动了文化的繁荣，形成了一种崇文好学的传统，以致桐乡之地文风昌盛，尊师重教，翰墨书林之茂，衣冠文物之盛，历代不衰。

大运河是桐乡的"母亲河"，贯通古今，融入文脉，承载生活。大运河桐乡段蜿蜒曲折，全长41.8公里，是浙江段运河中最长的。绵延的大运河、肥沃的土壤，孕育了桐乡悠久的历史文化，形成了江南水乡独特而浓厚的自然人文景观，为我们留下了无数的运河记忆和文化瑰宝。

民俗风情体现的是人们的生活习惯，无论古代还是现在，都是如此。古人流传下来的风俗，随着时代的发展在不断变化，这些古老的习俗和现代文化不断交融，使我们的生活更加丰富多彩。

感谢桐乡市委宣传部、桐乡市文联对本书的重视和支持。

由于篇幅所限，书中对桐乡风俗的阐述不能面面俱到，不足之处敬请读者批评指正。

乐忆英

2023年6月